POEZII PENTRU INIMA TA

Volumul II

'' O carte scrisa, este sufletul celui care-o scrie; prin ea isi exprima trairile si sentimentele '' - *Stefania Rotariu.*

Author of the Poezii pentru inima ta.

Stefania Rotariu

Published by Dolman Scott in 2014
Copyright ©2014 Stefania Rotariu

All rights reserved. No part of this publication may be reproduced, stored in a retrieval system, or transmitted in any form or by any means, electronic, mechanical, photocopy, recording or otherwise, without prior written permission of the copyright owner. Nor can it be circulated in any form of binding or cover other than that in which it is published and without similar condition including this condition being imposed on a subsequent purchaser.

ISBN 978-1-909204-37-9

Dolman Scott Ltd
www.dolmanscott.co.uk

A coborat soarele

A coborat soarele din nori,
Si a lasat o dara mare,
Sa poti candva sa te strecori,
Pana sus, sus la soare.

A coborat in inima care,
Se zbatea zdrobita,
Statea ca intr-o grea-nchisoare,
Ferecata si chinuita.

Da, a coborat iar soarele,
Si-a sarutat usor,
A sarutat buzele,
Ce stau ascunse dup-un nor.

Mereu va cobora soarele,
Daca tristetea se va adaposti,
Si imi va sterge lacrimile,
Pana cand tu vei veni.

Adapostesc o inima

Adapostesc o inima,
Toata, toata din nisip.
Se scurge, se rasfira,
Nu pot s-o apar, s-o ating.

Iar forma ei dispare,
Se rupe-n jumatate.
Apoi din inima cea mare,
Ramane praful ce se zbate.

Culeg cu mana-mi tremuranda,
Nisipul cald si rasfirat,
Ramas din inima plapanda,
Care in praf s-a tranformat.

Aduc bucurie

Aduc bucurie,
Tristete uneori,
Prietenilor ce ma-mbie,
Sa depanam pareri.

Cuvinte sunt destule,
Dar parca nu-i de-ajuns,
Sa-mpace asta lume,
In care am patruns.

Nu stiu a spune,
Cuvinte multe si alese,
Spun ca iubesc aceasta lume,
Si-n aste vorbe, toate sunt cuprinse.

Adun amintirile

Adun amintirile mele,
In pumnul strans inchis,
Nu vreau sa pierd nimic din ele,
Nimic ce-n ceruri imi este scris.

Si-adorm cu ele la capatai,
In visu-mi le voi duce.
Printre ele sta dragostea dintai,
Ce ma adora, ma seduce.

Si-o port in suflet adancita,
Nu vreau s-o pierd, ar fi pacat,
Sa pierd o dragoste preasfanta,
In care am trait, m-am imbatat.

Ai grija

Ai grija pe unde pasesti,
Sa nu calci peste inimi.
Poti sa darami si sa ranesti,
Vieti, care nu le schimba nimeni.

De te-nvarti pe-o culme sus,
Si jos e plin de lume,
Cobara doar privirea si-i de-ajuns,
Nimic nu se asteapta de la tine.

Nu trebuie sa strigi, ca lumea sa te vada,
Cat esti de invatat si de ajuns.
Nu trebuie sa-i faci, pe altii ca sa creada,
Ca pentru tine nu exista jos.

Ai lasat urme

Ai lasat urme-n viata mea.
Ai lasat urme pe-o inima,
Ce-si plange durerea,
Fara sa spuna cat este de grea.

Ai lasat urme, urme multe,
Pe-o viata ce se-ntinde ca o ata,
Si nu se stie cand se rupe,
Sau ce-o tine, o agata.

Ai lasat, ai lasat doar urme,
Pe diminetile-n racoare,
In care buzele nu pot a spune,
Daca sarutu-i dulce sau rau doare.

Ai revenit

Ai revenit,
Si mi-ai adus lumina.
Acum viata s-a ivit,
Va fi o viata plina.

Ai revenit,
Si bucuria s-a intors,
Iar golul care l-am primit,
Nu ma mai trage-n jos.

Si inima-a inceput din nou,
Sa bata mai puternic,
Si-mprastie-un ecou,
Ce ma-nvaluie in timp.

Ma ridica, imi da putere,
Ca sa lupt, sa lupt mai mult,
Pentr-o dragoste ce-mi cere,
S-o traiesc, sa n-o ascund.

Ai starnit o ploaie

Ai starnit o ploaie de nisip,
Si pulbere-ai imprastiat.
Nu pot sa-ti spun nimic,
Caci mintea ti s-a incurcat.

Incerc sa deslusesc cuvinte,
Dar tu le-arunci departe.
Nu stiu, ce ti-a ramas in minte,
Nu stiu, de ai ganduri desarte.

Mania ti-a cuprins inima,
Si-o arde si o perpeleste,
Si nu mai stii de-i bine-asa,
Ori daca, vreo solutie se gaseste.

Te las dar a gandi de poti,
Si mintea sa ti-o deslusesti,
S-arunci departe ganduri fara sorti,
Sa-mi spui cumva, de ma iubesti.

Ai venit

Ai venit si-ai stat o clipa,
Zambetu l-ai impartit,
C-o inima ce se-nfierbanta,
In vapaia ce-ai trezit.

Apoi, ai lasat ochii umezi,
Peste-o privirea-adanca,
Si lacrimi ai cules,
Cu mana larga si umpluta.

O inima nu poate fi purtata,
De vanturi sau de ape,
Nu poate fi ajutata,
Sau pusa la o parte.

O inima asteapta,
Un pic de iubire,
Si-un vis s-o intoarca,
Din orice amagire.

Alunga-mi supararea

Alunga-mi supararea,
Cu-n dulce sarut,
Si fa ca alinarea,
Sa se transforme-n scut.

S-adapostesc gandul cel greu,
Cand inima mi-o-ncearca,
O poarta peste timp si eu,
Nu sunt, nu sunt ca altadata.

Mangaie-mi gandul cand se zbate,
Sub greutatea ce-l zdrobeste,
Si-l poarta-n dimineti umblate,
In care visul mai traieste.

Am ales sentimente

Sentimente curate-am ales,
Sa pun pic cu pic,
In viata care are sens,
Si n-are de pierdut nimic.

Am ales cuvinte,
Sadite-n inima curata,
Ce nu vor fi pierdute,
In vremea grabita si uitata.

Am ales ganduri si soapte,
Adapostite in nopti si zile,
In inima care se zbate,
Pentru-orice gand, orice zvacnire.

Eu pot sa spun, ca am ales,
Cand zorii vietii se arata,
Si viata-i plina, are sens,
E-o viata de mult asteptata.

Am baut

Am baut din paharul fericirii,
Fericita-am fost?
Am baut din paharul dezamagirii,
Stiu, ca am baut fara vreun rost.

M-au amagit cuvintele desarte,
Si-aroma lor am savurat.
Si m-am pierdut candva departe,
Intr-o lume, care m-a uitat.

Si am trait,
Am trait pentru oameni,
Ce-n jurul meu s-au adapostit,
Doar in usoare vremuri.

Acum, beau paharul tristetii,
Este plin, plin cu varf.
Gandesc la anii vietii,
In care am trait si plang.

Am coborat stelele

Am coborat stelele pe tine,
Si-am construit un nou cer.
Nu stiu daca asa-i mai bine,
Dar tu nu esti la fel.

Ti-am dat din culoarea curcubeului,
In petalele florilor te-am imbracat,
Dar ai luat chipul misterului,
Si-n umbra iar m-ai aruncat.

Credeam ca esti a mea minune,
Dar stelele-ai intunecat,
Si-ai vrut sa vin in a ta lume,
Sa fiu un intuneric minunat.

Voi diparea din nou,
Din calea pierzarii,
In care nu traiesc doar eu,
Traieste cu mine, fiinta intristarii.

Am crezut ca pot

Am crezut,
Ca pot sa zbor,
Dar aripile mi s-au rupt,
Si a crescut tristetea-n locul lor.

Am crezut, ca pot sa zbor,
Am crezut, ca ceru-l voi atinge,
Si ma voi face-un nor,
Pe cerul, ce-n infinit se-ntinde.

Am crezut ca viata,
Viata este-un zbor,
Intinzi linistit aripa,
Si poti atinge-usor un nor.

Dar viata este-un cantec trist,
Si-acum privesc un cer,
Ce larg, larg sta deschis,
S-adune ingerii in el.

Am inchis ochii

Am inchis ochii,
Fiindca lacrimi au izvorat.
Am inchis ochii,
Sa nu mai visez urat.

Si-n inima plina de tristete,
S-a lasat tacerea,
Si-a-nceput sa-nghete,
Sa-nghete durerea.

Apoi un gol imens,
S-a intins fara zabava,
Si totul a cuprins,
In mana sortii firava.

Am invatat sa rad

Am invatat sa rad,
Cand plansul sfredeleste-n mine,
Si nimeni n-a stiut ca plang,
Toti au stiut, ca-mi este bine.

Am invatat ca viata,
Nu-i usoara, nici simpla.
Deschizi doar ochii dimineata,
Si poate sa se schimbe, in orice clipa.

Iar lucruri parasite de valoare,
Primesc o importanta capitala,
Si viata plina, animatoare,
Ramane doar o viata necesara.

Am plans candva

Am plans candva,
In singuratate,
Si-atunci mi se parea viata,
Plina de lucruri desarte.

Nu aveam cai si nici sfarsit,
Iar pentru mine toate,
Erau doar drumuri de trecut,
Grele si pline de hartoape.

Nimic nu m-atragea,
Sa ma anime,
Eram intr-o stare ce murea,
Intr-o lume, ce nu era ca mine.

Si dimineata era noapte,
Iar noaptea grea, naucitoare,
Rupea din mine cate-o parte,
Si ciopartea in graba-i mare.

Am plans candva in singuratate,
Si plansul, era greu si dureros.
Nu-ntelegeam, traiam in noapte,
Varsand doar lacrimi, fara de folos.

Am plans

Am plans candva zadarnic,
Dupa o dragoste fugara,
Ce palpaia in intuneric,
Ca o lumina ce dadea sa moara.

Si lacrimile dulci-sarate,
De-atatea sarutari si amintiri,
Eu le-am sorbit incet pe toate,
Cu buzele unei iubiri.

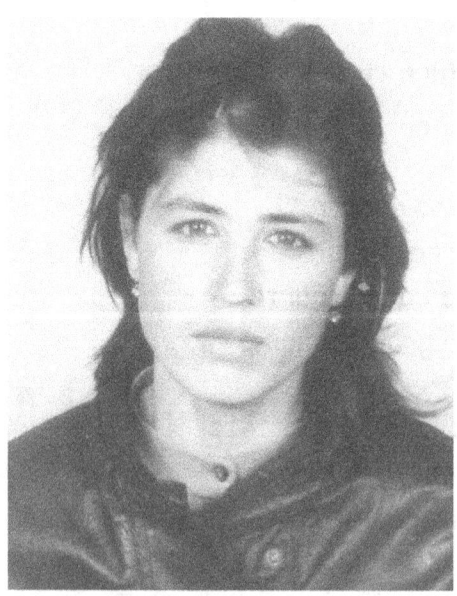

Am pus visele

Am pus visele mele,
Intr-un sac undeva,
Si intr-o zi voi da de ele,
Si te voi cauta.

Pan-atunci ma ridic,
Si vreau din viata,
Sa gust, sa gust un pic,
Caci ea imi da si ma rasfata.

Nu vreau intrebari naucitoare,
La ce-am facut cu viata mea.
Eu stiu ca viata-i trecatoare,
Si trebuie sa gusti, sa gusti din ea.

Am luat doar firimituri,
Si tristeti amestecate,
Cu multe, multe ganduri,
Ce-au devenit desarte.

Acum adun doar bucurii,
Si fug daca tristetea vine,
M-amestec intre mii de nebunii,
In care ma petrec si-mi este bine.

Am renuntat la viata

Am renuntat la viata,
La vise-am renuntat.
S-a dus si ultima speranta,
Totul s-a dus, s-a spulberat.

Inchid doar ochii,
Si voi merge inainte.
Ma pun in mana sortii,
Ce ma condamna, ma inghite.

E grea si dura incercarea,
Se stinge inima din mine,
Si lacrimile intrec marea,
Ce vine ca taifunul, aducand ruine.

- O, mare intunecata!
In vise-ai aparut,
Atat de neagra si patata,
M-ai inghitit si-am disparut.

Am vazut timpul

Am vazut timpul trecand,
Scurgandu-se usor pe langa mine,
Si-n inima-a patruns un gand,
Ca timpul, nu tine seama de nimeni.

Era atat de rece si distant,
Nici-o privire nu mi-a daruit,
Doar semnul peste mine si-a lasat,
Ca semn, ca el m-a biruit.

Si-am lasat timpul sa plece,
Si-am coborat privirea-n jos,
Caci viata vine, poate trece,
Nimeni nu este ce-a mai fost.

Am vrut

Am vrut un inger ca sa fiu,
Sa ma transform in noapte,
Sa-ti mangai visele tarziu,
Sa-ti fiu mereu aproape.

Am vrut, cu mana ca sa-ti iau,
A lumii grea povara,
Si liniste mereu sa-ti dau,
S-alung, orice-n tristete te coboara.

Si fata blanda s-o ating,
Cu un sarut al noptii,
In brate cand te tin si te cuprind,
Sa nu te las in mana sortii.

Atat am vrut, atat de mult,
Sa-ti dau o mica stralucire,
Pe fruntea care o sarut,
Cand nu ma vezi, ca sunt cu tine.

Am vrut sa scriu

Am vrut sa-ti scriu,
Dar cuvintele s-au imprastiat,
Si-am incercat pana tarziu,
Sa caut un cuvant ce l-am uitat.

Era cuvantul ce-n mangaiere,
Tu il rosteai cu-atata drag,
Si inima se-nfiora-n placere,
Cand vesel apareai in prag.

Sunt amintiri pastrate,
Si uneori le scot,
Din inima unde stau adunate,
Si ghemuite intr-un loc.

Am vrut sa-ti scriu

Am vrut sa-ti scriu
Cateva cuvinte,
Dar penelul s-a oprit,
Si nu mai stiu,
De ce nu vrea sa scrie ca-nainte.
Am vrut un sarut sa-ti trimit,
Pe-un alb porumbel calator,
Dar sarutul e tare fierbinte,
Si tainic in loc s-a oprit,
Pe buzele peceluite in locul lor.
Am vrut o-mbratisare sa-ti timit,
Dar bratele s-au oprit ridicate,
Asteptand, sperand ca vreodata.
Dar nu, ce cautau n-au mai gasit,
Erau doar umbrele reci si uitate.

Arde flacara dragostei

Arde flacara dragostei,
Si arde fierbinte-n mine.
Ma-ncalzesc la caldura ei,
Ca-mi este cald si bine.

Arde flacara rosie-a dragostei,
Si ochii-mi stau atintiti,
Pe lumina calda-a ei,
Sa nu se miste, stau cuminti.

Ma pierd in lumina dragostei,
Si-n vise care-adanc ma cuprind,
Traiesc si patimesc doar c-un temei,
Sa nu ma pierd, sa nu ma sting.

Astazi

Astazi sunt o bucurie,
Pentru cine-si aminteste.
Maine poate nu se stie,
Daca cineva ma mai iubeste.

Las doar un zambet,
Si-o viata plina de culoare,
Si iau ce-am adunat in suflet,
Tablouri pline de splendoare.

Imi fac bagajul cu-amintiri,
Si pun in el ce-am strans.
Cuvinte, poze, multe chipuri,
Cu care-am ras, sau poate-am plans.

Valiza mea este usoara,
Tot ce-a fost rau am aruncat,
E plina cu-amintiri de-odinioara,
Ce m-au cuprins, m-au fermecat.

As vrea sa dorm

As vrea sa dorm,
Caci oboseala ma imbie,
Dar mintea se-adanceste intr-un somn,
Ce seamana mai mult a agonie.

Se zvarcoleste,
Sub aripile oboselii,
Si-i este greu, se perpeleste,
Asteapta, ca sa vina zorii.

Apoi cu ultimele puteri,
Ma-ntind pe patul adormit,
Si inchid ochii si mai sper,
Ca-n asta seara, la mine te-ai gandit.

Stefania Rotariu

As vrea sa nu fugi

As vrea sa nu mai poti fugi,
De ochii care te privesc,
Caci unde mergi, pe unde-apuci,
Tot ei te cauta si te gasesc.

Sunt ochii marii de clestar,
Cand dimineata se trezeste,
Si-n ea se oglindeste clar,
Tot ce se misca, ce traieste.

Imaginea-ti este pictata,
In ochii marii de clestar,
Nu vei putea fugi vreodata,
Degeaba-ncerci, e in zadar.

As vrea sa nu uiti

As vrea sa nu uiti,
Zilele dragostei noastre,
Si uneori sa mai saruti,
Clipele pierdute printre astre.

Sa vii acolo eu te astept,
Sa iti dau o sarutare,
Apoi sa pleci si sa te pierd,
Pana va fi o data viitoare.

Mi-ajunge o clipa, doar atat,
Doar atat sa fur din viata ta.
In ea sa pot sa ma alint,
E-o clipa ce cuprinde toata viata.

Asa as vrea sa zbor

Asa as vrea sa zbor,
Ca pana aruncata,
Dintr-un nor calator,
Pe-o pajiste de iarba-nmiresmata.

Asa as vrea sa zbor,
Sa ma plimb prin lume,
Sa-mprastii mult dor,
Acolo unde dragostea apune.

Sa las din mine,
Din dragostea-mi curata,
Doar gandurile bune,
Ce ma cuprind si ma desfata.

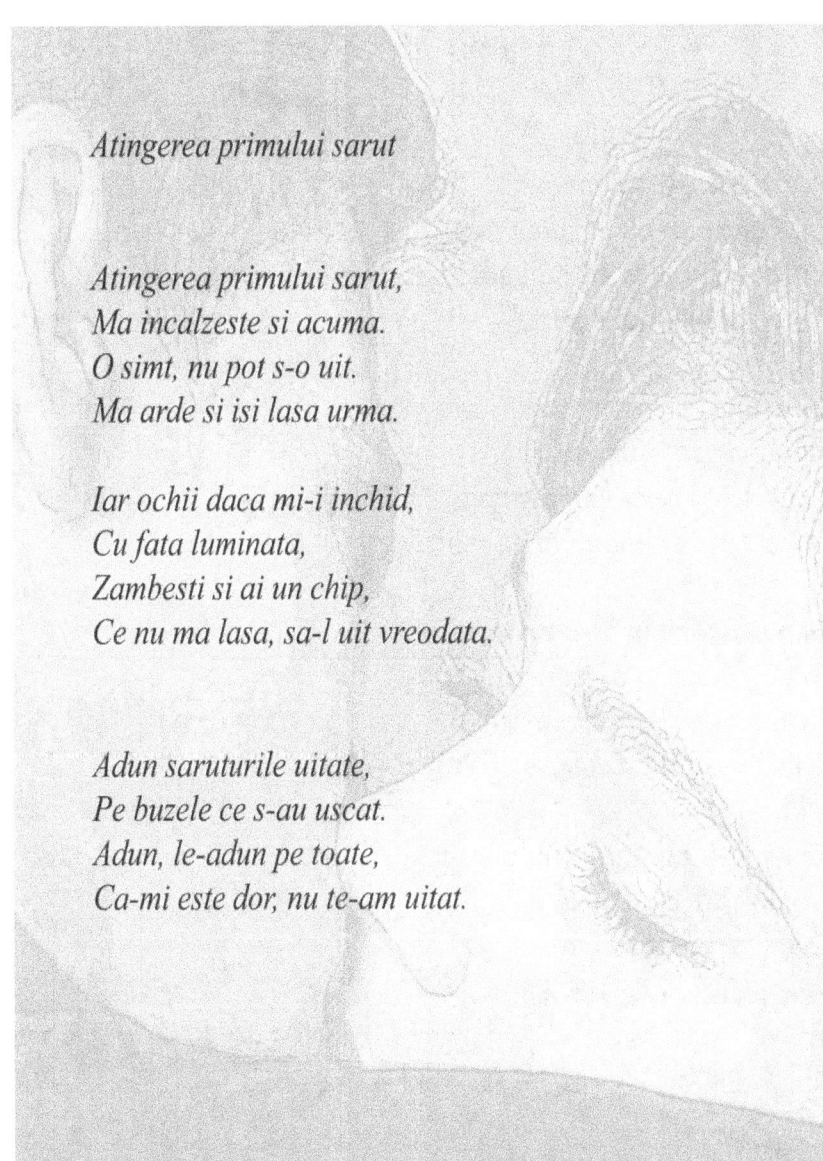

Atingerea primului sarut

Atingerea primului sarut,
Ma incalzeste si acuma.
O simt, nu pot s-o uit.
Ma arde si isi lasa urma.

Iar ochii daca mi-i inchid,
Cu fata luminata,
Zambesti si ai un chip,
Ce nu ma lasa, sa-l uit vreodata.

Adun saruturile uitate,
Pe buzele ce s-au uscat.
Adun, le-adun pe toate,
Ca-mi este dor, nu te-am uitat.

A trecut atata vreme

A trecut atata vreme,
De cand noi nu ne-am vazut.
Timpul fuge, vrea sa spele,
Chiar si ultimul sarut.

Si acum te vad aievea,
Si gandesc c-am sa te uit,
Caut sa-ti gasesc privirea,
Care s-a schimbat prea mult.

Si ma-ntampini c-o privire,
Goala, rece si distanta,
Si-mi alungi din amintire,
Tot ce-a fost frumos odata.

Si ma-ntreb, ma intreb daca,
M-ai iubit, sau m-ai uitat?
Dragostea adevarata,
Pentru noi, a existat?

Atunci cand pasii

Atunci cand pasii inceteaza,
Sa te mai poarte undeva,
Uita-te-n sus si cauta o oaza,
Agata-te de cineva sau de ceva.

Nu te lasa prada uitarii,
Exista ajutorul pe pamant,
Si vine tot de sus, din 'nalte ceruri,
Intide-o mana si prinde ce-i sfant.

Nu te vei pierde fara de speranta,
Lupta si crede ca uneori,
Oricat de greu este in viata,
Exista multe lucruri, in care tu sa speri.

Bancuta inimii mele

Stau pe bancuta inimii mele,
Si astept un suflet curat,
Sa depanam gandurile grele,
Ce-n inima-au patruns si s-au legat.

E-un cuget greu ce atarna,
De-un copac al vietii trecut,
Cu frunzele-i vestege, fara ravna,
Caci primavara lor s-a trecut de mult.

Stau pe bancuta si vad,
Cum se perinda siluete,
Fara caldura si zambet,
Doar simple, simplele fete.

Iar dorul de inimi disparute,
Intr-o lume necunoscuta,
Ma prinde usor si ma rupe,
De-o realitate atat de pierduta.

Binecuvantare!

Binecuvantare,
Spune-orice parinte.
Plange si-si cere iertare,
Langa voi, sade cuminte.

Daca inima-i de piatra,
Ochii nu-s inlacrimati,
Il vei pierde poate-odata,
Si degeaba-l asteptati.

Daca plange un parinte,
Lacrimile-i adunati,
Caci veti soarbe apa fierbinte,
Urmelor ce le calcati.

Urme udate cu lacrimi,
Ce-ati trecut usor pe ele,
Si-ati amestecat in datini,
Vorbe spuse, vorbe grele.

Dati macar un semn in graba,
Si le spuneti vorbe calde,
De-or pleca fara zabava,
Inima-n ele sa scalde.

Caci atat vor de la voi,
Doar o vorba, o privire,
Ce v-o intoarce inapoi,
Cand in viata greul vine.

Buna dimineata!

Buna dimineata, soare stralucitor,
Te-ai trezit sa-mi mangai fata,
Te lasi pe fruntea mea usor,
Si imi vestesti ca-i dimineata!

Caldura ta patrunde-n mine,
Si-mi limpezeste inima,
Sterge tristetea si ramane,
O liniste ce nu era.

Patrunde-n mintea ce refuza,
Caldura si placerea ta,
Si-o scoate din starea-i ursuza,
Ii daruieste stralucirea.

Si-ntregul corp te-accepta,
In razele tale se dezmiarda.
Cand ai venit, eram infrigurata,
Si-acum, ma incalzesc c-o raza.

Stefania Rotariu

Caut, caut iubirea

Am fost, am fost iubita,
Si-am crezut ca-i de-ajuns,
Dar viata mea a fost mintita,
Si dragostea de mine s-a ascuns.

N-am cunoscut fructul iubirii,
Doar am primit, nimic n-am dat,
Si-am crezut ca-i secretul fericirii,
Si-n viata totu-i castigat.

Dar cursul vietii ochii mi-a deschis,
Si-a pus in inima fructul iubirii,
Caldura lui s-a-mprastiat si a cuprins,
Sentimentele simtirii.

Acum stiu bine, trebuie sa dai,
Intr-o masura-n care ai primit.
Iubirea-ntotdeauna-i pentru doi,
Numai atunci traiesti, esti implinit.

Cand dorul

Cand dorul peste mine se aseaza,
Si noaptea trista ma ajunge,
Stau singura mereu si treaza,
Si gandu-mi tot la tine fuge.

Te chem cu lacrimi dureroase,
Si-n inima tristea-adanc patrunde.
Nu vreau nimic din zilele frumoase,
Trecute care sunt, ca niste umbre.

Vreau viata mea inapoi,
Cu bune si cu rele.
Vreau si mi-e dor de noi,
Nu doar de visele mele.

Cand imi este dor

Cand imi este dor de tine,
Inchid ochii si te chem.
Astept sa vii langa mine,
In brate sa te tin.

Iar iluzia de-ncearca,
Eu sa simt prezenta ta,
Inima mi se-nfierbanta,
Si esti cu mine undeva.

Te tin de mana si ma bucur,
Stiind ca nu ma vei uita,
Iar timpul trece mai usor,
Si te pastrez in mintea mea.

Cand tu apari

Cand tu apari in zori,
Se-aprind razele soarelui,
Si-mprastie mii de culori,
Din stralucirea lui.

Cand apari tu,
Isi pierde splendoarea,
Chiar si rasaritul,
Ce se-ntinde contopit departe cu marea.

Cand umbra ta atinge pamantul,
Florile-si pleaca coroana,
Iti saruta fermecate vesmantul,
Daruindu-ti parfumul pentru totdeauna.

Cand tu apari,
Inima-mi salta intruna,
Ma pierd fericita-ntre nori,
M-amestec cu stelele, cu luna.

Cand ti-am daruit inima

Cand ti-am daruit inima,
Nu ti-am cerut nimic in schimb,
Crezand ca tu vei fi a mea,
A doua inima pe pamant.

Ca soarele se va-ntalni cu luna,
Si impreuna pe pamant,
Se va uni noaptea cu ziua,
Intr-un singur simtamant.

Dar luna s-a ascuns,
Caci soarele-n a lui ardoare,
A pus o vama pe-un suras,
Ce-l trimetea candva alene.

Si inima s-a stins,
In caldura cotropitoare,
Ce-a ars si ultimul ei vis,
De-a fi o inima mai iubitoare.

Cantec de vioara

Un cantec de vioara,
Strabate si rasuna,
Invaluie-o inimioara,
O duce, o indruma.

Si pasii se indreapta,
Spre calea iubirii,
Unde sta si-asteapta,
Izul cald al fericirii.

Ea trece culmi si vai,
Fara s-atinga pamantul,
Totu-i posibil, e-n puterea ei,
Danseaza, si-a gasit sortitul.

Cate drumuri aduna omul

Cate drumuri aduna omul,
In viata lui de pelegrin,
Si pan' la urma culege doar unul,
Ce-i lung si greu si dificil.

Cate daruri imparte omul,
Si pana la urma ramane sarac si umil,
Caci n-are nevoie decat de unul,
O dragoste, o dragoste-a unui copil.

Cate priviri arunca omul,
Peste poarta larg deschisa,
Unde nu intra piciorul,
Sa vada daca exista.

Ce-ar fi viata

Ce-ar fi viata fara existenta ta?
Cum as imparti zilele, cum as putea,
Sa petrec timpu-n aceasta lume?
Oare cum as putea trai fara tine?

Ce culoare-ar mai fi-n obrajii care,
Rosesc si-si pierd a lor paloare,
Atunci cand le da tarcoale privirea,
Ascunsa si-ntinsa ca nemarginirea?

Ce-ar mai fi un rasarit de soare,
Sau stelele si luna de pe cerul mare?
Cum as putea sa exist, sa visez,
Cui i-as mai spune, de ce eu traiesc?

Ce este fericirea?

Ce este fericirea,
O vorba care-alinta,
O mana care-ti prinde licarirea,
Lipsita, goala si fara sa simta?

Un brat ce te cuprinde,
Cand frigul te-nconjoara,
Si-ti spune ca e bine,
Chiar daca-i frig afara?

Un umar ce se-apleaca,
Cand oboseala vine,
Peste trupul fara vlaga,
Caci plange in suspine?

Sau buza ce in treacat,
Iti da o sarutare,
Si-ti spune c-o sa treaca,
Iar raul nu-i atat de mare?

Ce este viata fara tine?

Ce este viata fara tine,
Un manunchi adunat,
Un manunchi de zile,
In care ma pierd neincetat?

Ce este viata,
Fara zambetul tau,
Cand ma trezesc dimineata,
Si-n pat sunt numai eu ?

Ce este viata,
Fara atingerea ta,
Cand caut frumusetea,
Care era pe undeva ?

Ce este viata,
Fara dulceata buzelor,
Fara atingerea,
Suava-a lor?

Cum pot sa-mi traiesc viata,
Cand n-am odihna si ma sting,
Din noapte pana dimineata,
Sperand, luptand, sa te castig ?

Stefania Rotariu

Ce-i simplu, nu-i simplu

Ce-i simplu, nu-i simplu,
Ce-i bun, nu-i bun,
Ce-i complicat iti doresti tu,
De-asta nu avem acelasi drum.

N-ai gustat din a vietii bucurie.
N-ai invatat ca dragostea e-atat de simpla.
Nu stii ca samanta vietii traita-n armonie,
Este sadita doar in stanca?

Ce cauti drumuri si carari,
Raspunsuri, intrebari intarziate,
Si te tot scalzi in suparari,
Si-n ganduri tare-ntortocheate?

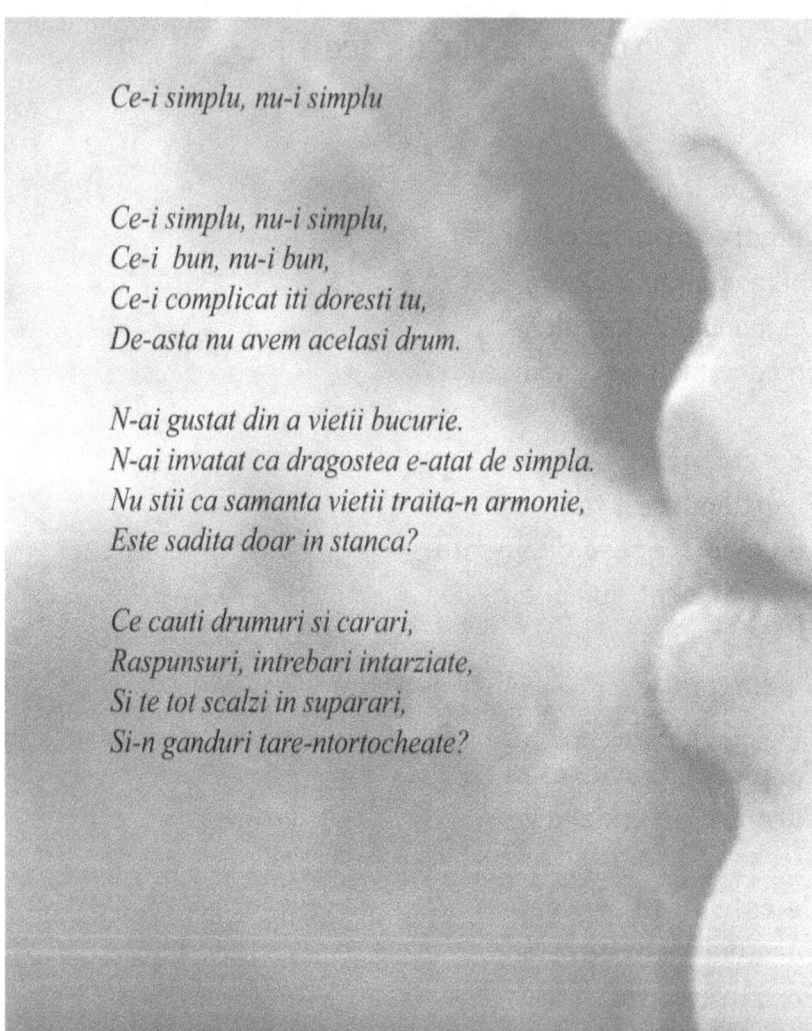

Ce pot sa las

Ce pot sa las in urma mea,
De voi porni candva departe,
Si ma voi pierde-n noaptea grea,
Ce duce-n ceruri mari si-nalte?

Comori de pret sau amintiri,
Ce-am adunat o viata,
Le las aici ca povestiri,
Si cate o povata.

Nu veti uita c-am existat,
Si n-am facut doar umbra,
Pamantului ce m-a purtat,
Atatia ani, cu-atata truda.

Stefania Rotariu

Ce sa fac?

Ce sa fac sa dau de tine iubire,
Cum s-ajung in calea ta,
Sa n-alerg prin cai de ratacire,
Sa te gasesc, imi doresc, as vrea?

Te caut printre chipuri obosite,
Si cred mereu ca te-am gasit,
Dar apoi le las parasite,
Caci in cale, tu nu mi-ai iesit.

Ce sa fac pentru tine iubire,
Sa nu ma pierd mereu din calea ta,
Sa nu cunosc o alta amagire,
Sa stiu c-ai aparut in viata mea?

Ce sa fac sa fiu cu tine,
Viata mea curata sa ti-o dau,
Ce sa fac spune tu, iubire?
Alta cale necunoscuta, nu mai vreau.

Cine esti tu?

Cine esti tu,
De mi-ai furat privirea ?
Cine esti tu,
Ca mi-ai adus dezamagirea ?

Ma-ntreb ce-ai fost in a mea cale,
Ma pierd si caut in cuvinte,
O fraza, doar o fraza care,
Sa arda pentr-o dragoste fierbinte.

Cine poate masura iubirea ?

Cine poate masura iubirea,
Cand ea-i nemarginirea ?
Cine poate-i da un nume,
Cand ea-i un cuvant anume ?

Cine poate s-o supuna,
Cand ea este o stapana?
Cum poti fugi de iubire,
Cand ea sta doar langa tine?

E o singura scapare,
Sa recunosti, ca iubirea-i mare.
Fara ea inima nu traieste,
Sta in agonie si se vestejeste.

Cine sa-nteleaga

Cine poate sa-nteleaga,
A inimii bataie?
Cine poate sa mai dreaga,
Tristetea care-o-nmoaie?

Nimic nu-i da tarie,
Caci s-a pierdut de mult,
Speranta, bucurie,
E-un sentiment prea scump.

Si-asteapta si tanjeste,
Dupa-un pic de armonie,
Puterea n-o gaseste,
Nimic n-o reinvie.

Sa fie prea tarziu,
Un leac pentr-o durere,
Ce s-a lasat c-un chin,
Ce-o macina-n tacere?

Chiar daca anii trec

Chiar daca anii trec,
Privirea-ti nu se trece,
Iar trupul iti ramane-ntreg,
Schimbarea lui nu se petrece.

Si zambetul nu ti se schimba,
De inima iti sta voioasa,
In vremea cea de cumpana,
Cand viata vine manioasa.

Chiar daca anii trec,
Ei trec pe langa tine,
Si sufletul ramane-ntreg,
Indiferent, cine in viata-ti vine.

Chiar daca chipul

Chiar daca chipul,
Tu mi-l vezi,
Si numele mi-l stii,
Stii totul despre mine, crezi,
Dar te inseli, nimic nu stii.
Iar inima de crezi,
Ca mi-o cunosti si stii,
Nu stii nimic,
Stii doar ce vezi,
Si doar ce eu vreau, ca sa stii.
Nu stii de-n inima-i comoara,
Si o vei pierde intr-o zi,
Sau este-o gheata ce coboara,
Si se topeste zi de zi.
Doar eu stiu,
Ce-i in inima si-n gand,
Doar eu stiu,
Ce am fost si sunt.
Doar eu stiu,
De-n inima-i primavara,
Sau intunericul sta, ca sa apara.

Chiar si timpul

Chiar si timpul cateodata,
Nu mai poate renunta,
La faptura minunata,
Ce-a trecut prin viata ta.

El te-ndeamna si te-ajuta,
Sa o cauti, s-o gasesti,
Sa ii dai dragoste multa,
Sa nu uiti, sa mai gresesti.

Si incerci sa te strecori,
Prin valtoarea grea a vietii,
S-o gasesti, tu inca speri,
Floarea minunata a tineretii.

Dar se pare ca se-asterne,
O tacere trista-nchisa,
Peste-o dragoste si cerne,
Stropii unei rani deschisa.

Coboara

Coboara in marea ochilor mei,
Saruta verdele tarziu,
Cu un sarut daca tu vrei,
Sa fie bucurie, nu pustiu.

Si fruntea alba, lucitoare,
Sarut-o c-un sarut usor,
Si pune-i, pune-i o culoare,
Din curcubeul florilor.

Apoi pe buze lasa un sarut,
Care pastreaza-inca dulceata,
Clipelor trecute, nu de mult,
Cand imi umpleau cu bucurie viata.

Coboara-o noapte

Coboara-o noapte tarzie,
Peste lumea ce s-a culcat.
Sta doar o minte pustie,
Ce gandul si-a uitat.

Priveste-n coltul tristetii,
Si cauta, cauta ceva,
Dar lumanarea vietii,
Se stinge, s-a sfarsit viata sa.

Si trist se-ntoarce catre perete,
Nu vrea s-auda, sa vada ceva,
Iar lacrimile curg si un burete,
Sterge tristetea, ce-nghite lacrima.

Cred ca m-am ratacit

Cred ca m-am ratacit in aceasta lume,
Si drumul meu este prea lung,
Caut un loc si pentru mine,
Unde sa stau, sa nu mai fug.

Gasesc doar locuri obositoare,
Cu multe lucruri in comun,
Nimic nu-i altfel, lipseste culoare,
Oriunde mergi e-acelasi drum.

Si vad o lume trecatoare,
Care a fost si a apus,
Cu oameni buni si de valoare,
Care-au trait si-acuma nu-s.

Inima mea-i plecata-n trecut,
Acolo si-a gasit o alinare,
Prin locuri cu oameni, ce s-au pierdut,
Si nu se-ntorc, din lumea calatoare.

Cred ca trebuie

Cred ca trebuie sa renunt,
La gandul care se-nfiripa,
Ma poarta peste vai si munti,
Si nu-mi da pace-o clipa.

Imi fac valiza calatoare,
Si-o pun la usa sa m-astepte,
Dar ea se-ntoarce, n-are rabdare,
Si dupa tine tot tanjeste.

Ti-am zis ca voi veni la vara,
Si tu tot scrii si ma astepti.
Si gandul tot la tine-mi zboara,
Desi ma pierd in prioritati.

Cred ca viata

Cred ca viata se culege,
Din petale si nu spini,
Si nu tine de vreo lege,
Nu-ti da lacrimi si suspin.

Ea mereu te tot ridica,
Iar atunci cand mergi la vale,
Nu te lasa ca in pripa,
Sa alegi o rezolvare.

Si de-ti spune ca e bine,
Ca sa mergi pe o carare,
Lasa totul doar in lume,
Nu cara tu in spinare.

Apoi norii de coboara,
Peste ochii-nlacrimati,
Negura lor n-o sa doara,
Daca viata o urmati.

Culori

Culori stau agatate pe cer,
Culori, mii de culori amestecate,
In anotimpul ce nu sta stingher,
Si-aduna clipe nenumarate.

Indragostitii se-odihnesc sub el,
S-adune culorile fermecate,
Deseneaza tablouri pline de mister,
Alaturi de saruturi si de soapte.

Tabloul se-ntinde in infinit,
Intr-o imagine mereu schimbatoare.
Te pierzi prin el, ramai uimit,
Si prinzi culori, culori miscatoare.

Cum pot sa spun?

Cum pot sa spun,
Ce foc ma arde,
Si inima-mi se face scrum,
Cuprinsa de-o vapaie?

Cum pot sa-i vorbesc,
Tristetii ce coboara-n graba,
Fara sa-ntrebe de-o primesc,
Sau de-as vrea un pic sa sada?

Nu am putere-a tainui,
Ganduri cuprinse-n deznadejdea,
De a lupta, a nu muri,
Incinsa cu primejdia.

Iar mintea mi se zbate,
Si caute iesiri,
Ce nu vor fi desarte,
Pierdute-n amagiri.

Cum pot sa-ti spun?

Cum pot sa-ti spun,
Ca am nevoie de tine?
Incerc in minte sa adun,
Cuvinte care sa-ti dea de stire.

Dar cand m-apropii sa-ti soptesc,
Curajul mi se pierde,
Si alte vorbe scotocesc,
Iar mintea mea imi fierbe.

Cum am curajul sa-ti arat,
Ca am nevoie de tine,
Sa-ti spun ce-mi arde-n piept,
De mult, de multe zile?

Am nevoie de tine,
Am mare nevoie si nu stiu,
Nu stiu cum e mai bine,
Sa-ti spun, sau doar sa-ti scriu?

Cum sa aduc o raza?

Cum sa aduc o raza,
Intr-o lume-ntunecata?
Cum pot sa-i fac sa creada,
Ca viata-i minunata?

Cum s-arat eu lumii,
Sa vada bucuria,
Cand viata ii supune,
Si le-arata agonia?

Nu pot s-aduc caldura,
Cand gheata ii cuprinde,
In deasa, crunta negura,
Ce-n lume se intinde.

Iar oamenii nu vad,
O raza de lumina,
Si tristi mereu se pierd,
Fara sa aiba-o vina.

Cum zburda anii

Cum zburda anii fara de zabava,
Se-mprastie ca fulgii, care stau sa cada.
Te-ating in viata tumultoasa,
Se scurg peste tarana lunecoasa.

Cum zburda anii fara sa-i vezi,
Acum esti tanar, vrei sa te petreci,
Si totul se preschimba dintr-odata,
Cand n-ai puterea de-alta data.

Cauti sa-ti fie cineva pe-aproape,
Sa te mangaie in zilele desarte,
Sa-ti fie umar la durere,
Sa planga langa tine si sa spere.

Sa te ajute, sa te-mbarbateze,
Sa stea cu tine, sa te protejeze.
Singuratatea s-o alunge-n graba,
De vine langa tine ca sa sada.

Cum zburda anii si nu este cine,
Sa mai vorbeasca uneori cu tine,
Sa-l vezi in zorii diminetii,
Sa te intrebe despre firul vietii.

Curg lacrimi

Curg lacrimi,
Cum curg petalele,
Dintr-o floare dezbracata.
Curg lacrimi, multe lacrimi,
Cum n-au mai curs vreodata.
Iar inima suspina,
Si se hraneste-n lacrimi,
Privind in zare,
Dupa vreo lumina,
Sa stearga lacrimi, multe lacrimi.

Da, imi este teama

Da, imi este teama de-a trai,
Daca trairea-mi e-n zadar.
Imi este teama de-a muri,
De las in urma mea calvar.

Mi-e teama de-o cale necunoscuta,
Desi e simplu a pleca.
Mi-e teama sa nu fiu ranita,
De voi trai o viata grea.

Cred ca mi-e teama a-ndrazni,
Sa sper, sa fiu doar fericita,
Cand viata e-n schimbare zi de zi,
Si nu stiu, ce va fi-ntr-o clipa.

Mi-e teama si nu indraznesc,
Privirea-mi s-o alung departe,
In vremuri ce se-ntrezaresc,
In vremuri grele si desarte.

Dac-ai fi

Dac-ai fi,
Aici langa mine,
In bratele tale m-as ghemui,
Si n-as pleca, stii bine.

Dac-ai fi aici, in fata mea,
Ti-as sari in brate,
Si mult, mult te-as saruta,
Pe frunte, pe buze, pe fata.

Dac-ai fi langa inima mea,
Ti-as darui o parte tie.
As imparti cu tine inima,
Si-as adormi pentru vecie.

Dac-ai fi poemul inimii mele,
As fi egoista,
Si nu te-as da, nici pentru stele,
Pentru nimic ce-n lume exista.

Dac-ai fi iubirea vietii mele,
Pentru tine as muri.
As imparti si bune si rele,
Si niciodata, nu te-as parasi.

Stefania Rotariu

Dac-ai sti

Dac-ai sti ca zace dorul,
Sfartecat in pieptul meu,
Ai veni sa imi stingi focul,
Ce domneste ca un zeu.

Dac-ai sti cata tristete,
Ai lasat in urma ta,
Ai schimba si firul vietii,
Ca sa ma mai poti vedea.

Dar nu stii si niciodata,
Nimeni nu-ti va arata,
Cata dragoste curata,
Eu ti-am pus in palma ta.

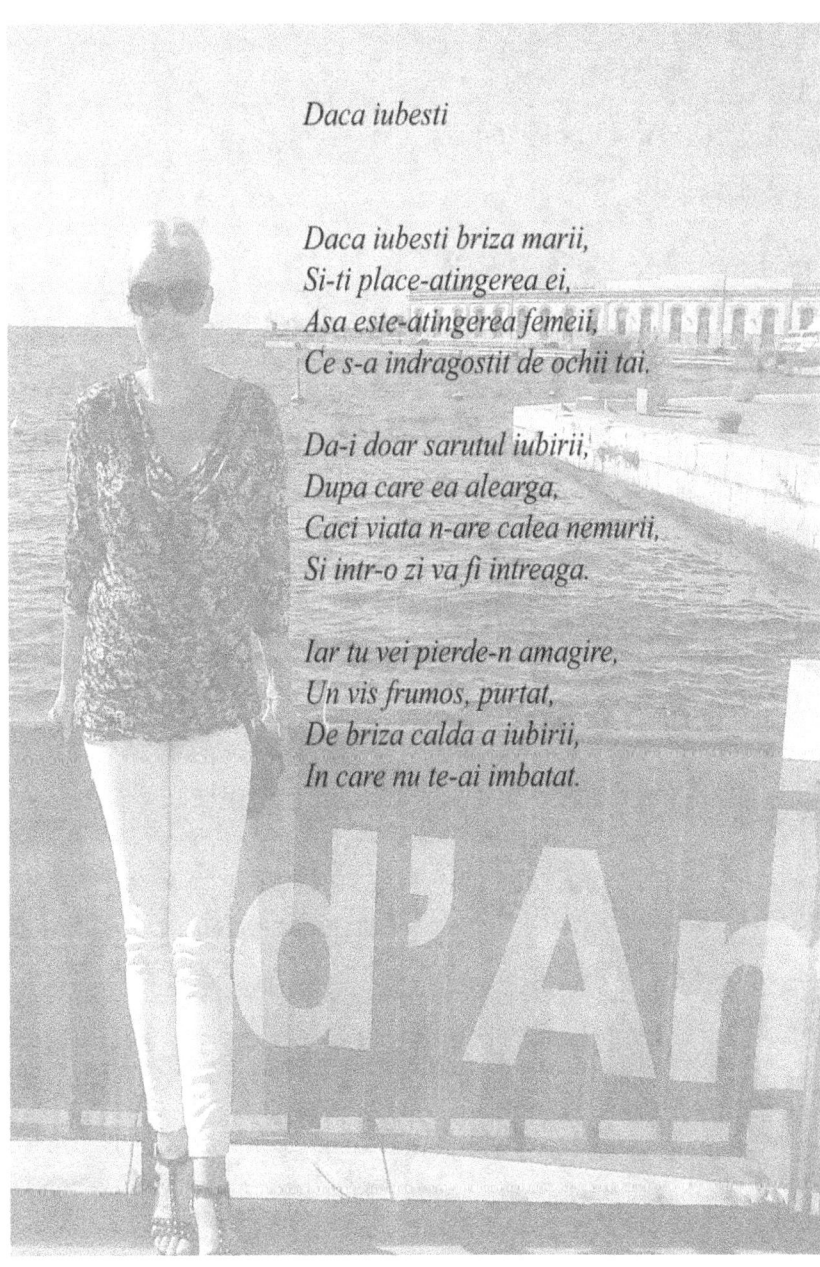

Daca iubesti

Daca iubesti briza marii,
Si-ti place-atingerea ei,
Asa este-atingerea femeii,
Ce s-a indragostit de ochii tai.

Da-i doar sarutul iubirii,
Dupa care ea alearga,
Caci viata n-are calea nemurii,
Si intr-o zi va fi intreaga.

Iar tu vei pierde-n amagire,
Un vis frumos, purtat,
De briza calda a iubirii,
In care nu te-ai imbatat.

Dac-ar fi s-ating soarele

Dac-ar fi s-ating soarele,
Ti-as cobora o raza,
Sa-ti mangaie noptile,
Cand inima ti-e treaza.

As aseza-o langa tine,
Si inima sa-ti incalzeasca,
Daca se zbate in suspine,
Iar dorul, sa ti-l potoleasca.

Apoi pe buze-ti voi lasa,
O sarutare-ntarziata,
Si-n graba daca voi pleca,
Ma-ntorc si alta data.

Dac-ar fi s-aleg

Dac-ar fi sa-mi aleg anii,
I-as alege pe cei de-acum.
Dac-ar fi sa-mi aleg prietenii,
I-as alege, pe cei ce-au stat la capatai.

Dac-ar fi sa ma bucur,
M-as bucura, cu cine-a plans langa mine.
Dac-ar fi sa impart un lucru,
As da, doar zilele senine.

Si daca viata-ar fi sa mi-o impart,
As trai doar clipele prezente,
Si tot ce-a fost eu am uitat,
Si-am adunat doar zambete.

Dac-ar fi sa cer

Dac-ar fi sa cer ceva,
Din lumea asta prea saraca,
Nu cred ca multe as avea,
Sa le pastrez si sa imi placa.

As lua doar cerul plin de stele,
Si apele care se scurg la vale,
As lua fiinta mamei mele,
S-o pun la inima cand doare.

As lua padurea si izvorul,
Cu apa lui sa ma adape,
Si pasari ca sa-mi cante dorul,
Pana tarziu, tarziu in noapte.

Dac-as putea

Dac-as putea sa cant,
Ti-as canta iubirea,
Dar nu pot decat sa plang,
Cand nu-ti gasesc privirea.

Fara tine exista doar noapte,
Fara tine, nu mai este zi.
Ma pierd tacuta intre soapte,
Si caut, caut sa mai pot trai.

Oare cum eu pot iubi,
Stand singura-n noapte,
Asteptand mereu sa vii,
Sa fii aici, macar aproape?

Doamne, cum eu pot gresi,
Sa renunt la tine?
Inima sa nu mi-o stii,
Nici de-mi este rau sau bine?

Daca gandul ar vorbi

Daca gandul ar vorbi,
Ar imprastia doar sopte,
Care la tine s-ar opri,
In miez adanc de noapte.

Daca gandul ar trimite,
Un sarut intarziat,
Sa intoarca-o zi fierbinte,
In care te-ai indepartat.

Buzele sa le atinga,
Si sa stearga supararea,
S-o alunge si s-o stinga,
Sa aseze alinarea.

Daca ar avea putere,
Cu timpul ar putea lupta,
Si-ar putea si el sa spere,
Ca te intorci, nu vei pleca.

Daca n-am deschis

Daca n-am deshis cartea gandurilor,
Am pierdut notiunea timpului,
Iar umbra-ascunsa a amintirilor,
Mi-a furat numaratoarea ceasornicului.

Si oamenii dragi inimii mele,
Au stat tacuti in coltisorul,
Inimii care se pierde-n tacere,
Si uita dragostea si dorul.

Raceala vine si se-aseaza,
Cuprinde sentimente, amintiri,
Si face o distanta lunga, treaza,
Sa curme lacrimi si iubiri.

Daca raze de lumina

Daca raze de lumina,
Ar cadea deasupra mea,
Ti le-as pune toate-n mana,
Sa iti lumineze calea.

Daca-n nopti cu luna plina,
Luna toata-ar fi a mea,
Tot tie ti-as pune-o-n mana,
Sa fie numai a ta.

Daca viata nu s-ar zbate,
Linistita ar urma,
Caile, doar caile curate,
Doar pe ele as umbla.

Daca toate-mi par desarte

Daca toate-mi par desarte,
Unde este fericirea,
Daca gandurile toate,
Nu iubeste omenirea?

Dragostea-mi vrea sa invinga,
Ce doboara si seduce,
Ganduri, fapte ce se plimba,
Printr-o viata ce nu-i dulce.

Viata trebuie sa zburde,
Si s-aduca bucurie,
Lumea sa ramana lume,
Sufletul mereu sa-nvie.

Daca toate-mi sunt desarte,
Si voi plange ne-ncetat,
Lumea nu ma satisface,
Oare-n lume, ce-am cautat?

Daca totul

Daca totul s-ar petrece,
In tacere si iubire,
N-ar mai fi inima rece,
Nu s-ar stinge-n ratacire.

Daca totu-ar fi pe cale,
Si nimic nu s-ar mai pierde,
Omul ar primi valoare,
Si ar indrazni, ar crede.

Daca viata n-ar fugi,
Dupa zilele marunte,
Omul nu s-ar mai grabi,
Sa adune lucruri multe.

Insa toate sunt intoarse,
Zilele alearga, alearga,
Oamenii au minti cetoase,
Viata e mereu pribeaga.

Daca tu ai fi

Daca tu ai fi o ploaie,
In stropii tai m-as preschimba,
Sa ud o floare care moare,
Sa-i dau din viata mea.

De-ai fi o pasare sa zbori,
In aripi eu m-as preschimba,
Ti-as da putere pan'la nori,
Ca sa te urci, sa poti zbura.

De-ai fi o salcie in apa,
In radacini m-as preschimba,
Sa te sustin, ca niciodata,
Sa nu mai poti cadea.

De-as fi o raza-a soarelui,
Ti-as incalzi si inima.
Eu as fura coroana lui,
S-o pun pe creasta ta.

Daca vreau

Daca vreau pot sa uit,
Ca inima-mi moare.
Daca vreau pot sa uit,
Ca-i trist si doare.

Daca vreau pot sa uit,
C-ai existat candva,
Si inima tu mi-ai ranit,
Cu simpla aparitie-a ta.

Pot sa uit si sa plec inainte,
Chiar daca-n inima-mi se odihnesc,
Ale tale dulci cuvinte,
Care ma tin si ma hranesc.

Daca vreodata

Daca vreodata,
Gandul te va parasi,
Intr-o lume rece, uitata,
Unde nu te pot gasi?

Lasa-mi un zambet,
Sa stiu ca ai vrea,
Sa te caut, sa te-astept,
Sa ramai in viata mea.

Nu imprastia tristea,
Si nu-ti ascunde inima,
Nu tagadui blandetea,
Nu mai fugi de ea.

Deschide-ti inima larg,
Si primeste doar bucurii,
Caci ele te-anima, nu te ard.
Ele sunt blande, au chipuri de copii.

Daruri, daruri de craciun

Daruri, daruri de craciun,
Impart cei mari, cei mici,
Pe sub bradutul plin,
Cu globuri, stele, artificii.

Daruri si bucurii,
Gasesti in orice casa,
Si-n glasuri de copii,
Rasuna noaptea luminoasa.

Din cer coboara luna-ncet,
Peste case ea paseste,
Sa lumineze-n scrasnetul de-nghet,
O sanie care porneste.

Si-n ea sta mosul voios si zglobiu,
Ce rade apasat,
Si vrea s-ajunga la orice copil,
Sa-i dea cadoul visat.

Apoi cu renii lui in graba,
Porneste peste case sa imparta,
Din greaua, marea lui desaga,
Daruri lasate din poarta-n poarta.

Dau o viata

Dau o viata,
Pentr-o noapte de iubire.
Dau un zambet,
Pentru-a ta privire.
Si un regat dac-as avea,
Tot tie, tie ti la-s da,
Sa fiu din nou printesa ta.
Dau, ce pot sa-ti dau,
Sa fii iar langa mine?
Dragostea sa mi-o iau,
Sa n-o impart cu nimeni?

Stefania Rotariu

Daruieste-mi o clipa

Daruieste-mi o clipa,
In care ochii sa mi se bucure,
Si nu-mi taia a mea aripa,
Transforma-mi inima in mugure.

Va inflori in zorii diminetii,
Si-n noapte se va-nchide iara,
Sa nu patrunda lacrima tristetii,
Sa fie doar, o vesnica primavara.

Mai da-mi din clipa fericirii,
Sa pot sorbi fara-ncetare,
Din vinul placut, vinul iubirii,
Sa ma imbete, sa ma imbete tare.

Sa uit de tot ce ne-nconjoara,
Si fericirea sa cuprinda,
Iubirea de odinioara,
Iubirea, sa nu se mai stinga.

De-ar fi sa-mpart

De-ar fi sa-mpart o lume,
Cu tine-as imparti.
De-ar fi sa-i dau un nume,
Al tau l-as da, sa stii.

De-ar fi ca sa pastrez saruturi,
In inima le-as fereca,
Stiind ca nu te saturi,
S-atingi doar buza mea.

Si totul, totul pentru tine,
Doar pentru tine as pastra,
Stiind ca esti cu mine,
Stiind ca stai in viata mea.

De iubesti

De iubesti fara sa fii iubit,
Esti ca cerul lipsit de culoare.
De iubesti fara sa fii pretuit,
Esti ca apa ce curge la vale.

De iubesti un om ce nu te-a iubit,
Ai dat prea multa valoare,
Unei umbre ce te-a parasit,
Fara sa simta, ca pe tine te doare.

De iubesti fara sa stii de ce,
Intr-o zi se va stinge totul,
Iar tu din somn te vei trezi,
Si se va pierde orizontul.

De iubesti doar sa existe cineva,
Singuratatea isi va face casa,
In mintea si-n inima ta,
Si vei ramane o vesnica mireasa.

De ce nu exista iubire?

De ce nu exista,
Multa, multa iubire,
Iar inimile cauta si rezista,
Sa caute-n nestire?

Unde-i izvorul,
De ce-a secat,
Ce s-a-ntamplat cu dorul,
Pe unde-a inoptat?

De ce inima plange,
Si toarce in tacere,
Un sentiment ce-o stinge,
Si n-o lasa sa spere?

De ce s-au dus

De ce s-au dus,
Clipele trecute,
De ce-au apus,
Erau prea multe?

S-au tranformat,
In pasari calatoare,
In lume s-au imprastiat,
In alte tari, pline cu soare.

Erau prea ferme,
Prea sigure si bune,
Clipe eterne,
Clipe lipsite de vre-un nume.

De ce te iubesc?

De ce te iubesc eu?
Am intrebat soarele,
Si ploaia care lasa-un curcubeu,
Dupa ce-si aduna apele.

De ce te iubesc eu?
Am intrebat din cer stelele,
Ce stau ravasite intr-un tablou,
In care se rasfata toate astrele.

De ce te iubesc si de ce?
Am intrebat zambetul diminetii,
Care se lasa-ncet si rece,
Peste umbra neagra-a noptii.

De ce si cat te-oi mai iubi,
Inger pierdut in negura noptii,
Acum e bine, dar voi obosi,
S-astept, sa se intoarca voia sortii?

Destinul mi te-a pus

Destinul mi te-a pus in palma,
Nu stiu de este-aievea sau un vis,
Stiu doar ca-mi este frica, teama,
Sa ma trezesc din paradis.

Privesc comoara care arde,
Si straluceste-n palma mea,
E-un licurici ce aripi n-are,
Si cred ca ar zbura, dac-ar putea.

Dar aripile si-a pierdut,
Cand palma mi-a atins,
Si fermecat el s-a oprit,
Sa imi culeaga un suras.

Apoi in palma s-a culcat,
Si pana dimineata-n zori,
N-a vrut sa plece, n-a-ncercat,
Sa-si puna aripi inapoi.

De unde vii?

De unde vii tu poezie,
Din intamplari, din inima,
Spune, ca lumea vrea sa stie,
Ce te-apasa, ce te-anima?

De unde vii tu dulce vers,
Din bucurie sau tristete,
De unde mintea te-a cules,
Si ma infrupt, si-mi dai povete?

Ma-ntreb, ma-ntreb de multe ori,
De ce nu-mi este greu,
De ce in mintea mea cobori,
Sa scriu, sa scriu mereu?

Eu cred ca viata mi te-a dat,
Raspuns la dorul greu,
Si-n versuri ea te-a imbracat,
Sa poti trai in gandul meu.

Dimineata

Dimineata coboara usor,
Peste casele acoperite,
De ploaia cazuta din nori,
Ce curge-n siroaie grabite.

In casa e liniste deplina,
Dorm toti si nimeni n-a-ndraznit,
Sa scoata capul la lumina,
Sunt tristi, ca ploaia a venit.

Daca privesti pe geamuri,
Ce duc departe in gradina,
Vezi florile pe ramuri,
Cum plang, in ploaia fara mila.

Dincolo

Dincolo de tristete,
Are lacasul iubirea,
Si ea imparte elixirul tineretii,
Iti daruieste nemurirea.

Trebuie doar sa lupti,
Sa cauti fericirea,
Sa ierti, sa poti sa uiti,
C-aceasta ti-e menirea.

Iar daca sortii te-or ajunge,
Sa pui la adapost iubirea,
Tristetea sa n-o poata-atinge,
Si sa-i stirbeasca stralucirea.

Din mine se ridica

Din mine se ridica,
O aripa spre cer,
Un gand ce se-nfiripa,
Si zboara pa'n la el.

Apoi un zambet se strecoara,
Iar inima se umple,
De-o bucurie rara,
Ce vine-usor in minte.

Pe buze se aseaza,
O dulce sarutare,
Care ramane treaza,
Pa'n la o data viitoare.

Dintr-un noian de cuvinte

Dintr-un noian de cuvinte,
O dragoste s-a nascut,
Si erau scrise doar in minte,
Cu ele tu m-ai cucerit.

Ai semanat samanta iubirii,
Si-n apa lacrimilor ai udat,
Bucuria noastra, a intalnirii,
Cand primul sarut ti-am dat.

Doamne-n prag de sarbatori

Doamne-n prag de sarbatori,
Vin s-aduc doar multumire,
Pentru anii grei, usori,
Ce s-au dus pe langa mine.

Pentru mana ce-ai intins,
Cand cadea o greutate,
Si in brate m-ai cuprins,
Sa ti-o pui tie in spate.

Patimi daca m-au rapus,
Tu le-ai ridicat cu ravna.
Greutati de m-au ajuns,
Le-ai facut doar o tarana.

Lacrimile cand s-au scurs,
Peste fata-mi intristata,
Tu le-ai sters si au apus,
N-ai lasat sa ma abata.

Doar o clipa

Doar o clipa mi-a schimbat,
Dragostea greu castigata,
Fiindc-am ras si m-am jucat,
Cu-a ta inima-ncercata.

Lacrimile-mi uda fata,
Si pamantul de-l atinge,
Creste-o floare dimineata,
In pamantul care-o frige.

Vreau doar timpul sa-l intorc,
Sa-ti arat a mea iubire,
Sa nu fug, sa nu ma joc,
Si sa cred in fericire.

Dar stiu ca viata-i ca o ata,
Si de s-a rupt o vei inoda,
Schimb-o pe o alta viata,
Si o primesti chiar de n-ai vrea.

Doar stai departe

Doar stai departe,
Departe de inima mea.
N-ai vrut sa faci parte,
Din dragostea ce creste-n ea.

Doar lasa-mi inima sa spere,
Si n-o mai insela.
Tu esti un vis sau placere,
Ce te-ai ivit in viata mea.

Te-ai spulberat,
Ca un abur care vine,
Se-aseaza suparat,
Apoi se-mrastie in tine.

Iar cand te treci,
Dezamagirea ma cuprinde,
Si-mi vin in minte ganduri seci,
Ce-am cautat, nu mi-a fost bine?

Te las departe,
Departe de iubirea,
Ce nu priveste drumurile-ti desarte,
Si imi ascund privirea.

Doar tu

Doar tu-mi incalzesti,
Inima ce se ascunde,
In neguri lumesti,
Traind printre umbre.

Doar tu schimbi melodia,
Ce canta si nu se-opreste,
Cuprinde si farmeca trairea,
Care te-asteapta, care tanjeste.

Incerc sa scriu, sa fac ceva,
Dar mainile-mi alearga,
Si-astern cuvintele pe foaia,
Care le inghite-n graba.

N-apuc sa spun doua cuvinte,
Si gandul mi se umple,
De amintiri, de simtaminte,
De clipele frumoase, multe.

Domnul, este pastorul

Domnul este pastorul meu,
El ma pazeste zi si noapte,
Chiar si-atunci cand somnul greu,
Nu-nchide ale mele pleoape.

Domnul este sufletul meu,
El imi aduce bucurie,
Chiar daca drumul este greu,
Poteca lui e apa vie.

Domnul este privirea mea,
El imi deschide ochii,
Si-mi arata stralucirea,
Care nu o vad miopii.

Domnul este mana mea,
Cand condeiul il atinge,
Scrie si imi lasa urma,
Chiar de viata mi se stinge.

Domnul este cerul meu,
Si in el ma urc in graba,
Daca sufletul mi-e greu,
Merg la El, sa imi dea hrana.

Dorm

Dorm pe-o frunza de copac,
Purtata pan' departe,
Si totul langa mine-i vag,
Intr-o padure-n care lumea se zbate.

Cu totii dorm in jurul meu,
Pierduta-i frumusetea,
Nu mai exista vreun erou,
Sa-si caute printesa.

Se-ndeasa toti cu lucruri desarte,
Masini, case, pozitii.
Inima lor zace colea departe,
Prin mofturi, multe inhibitii.

Am cautat un om special,
Printre mormane multe,
C-o inima si-un caracter,
Sa ma atraga, sa ma-ncante.

Desarta-mi este cautarea,
Speranta se topeste,
Si oameni buni se pierd cu zarea,
Se duc in lumea ce-i doreste.

Stefania Rotariu

Dragostea mea

Dragostea mea-i departe,
Si lunga, lunga-i a ei cale,
Ce sta-ntre noi si ne desparte,
Adanca, o adanca vale.

Oceane daca vom strabate,
Si muntii de-i vom ocoli,
O inima in noi va bate,
Pana ce noi ne-om intalni.

Apoi ti-oi da doar bucurie,
Si sarutari nenumarate,
S-acopere o viata-n pribegie,
In brate eu te-oi strange, zi si noapte.

In diminetile trezite, somnoroase,
Privirea-mi sa te mangaie cand dormi,
Iar buzele-mi pe frunte sa iti lase,
Parfumul dulce-al florilor.

Privirea sa ti-o sorb nesatioasa,
Si-n ea sa ma dezmierd,
Iubirea mea, iubire pretioasa,
In tine sa traiesc si sa ma pierd.

Dragostea mea este

Dragostea mea este,
O dragoste nepatata,
Si are viata, izvoraste,
Dintr-o inima de dragoste-mbatata.

Nu pot s-o daruiesc,
Cui nu ii apartine,
Si pentru ea traiesc,
Caci este-o parte din mine.

Dragostea mea,
E-un dar pentru cine,
Ii cunoaste menirea,
Se bucura, o stie.

In dar a fost primita,
S-o pot, sa o pot da,
De va fi pretuita,
Doar cui o merita.

Dragostea mea-i curata.
Nu pot s-o amagesc,
C-o vorba desarta,
O vorba ce-o primesc.

Dragostea mea traieste in simtiri,
In inima se cuibareste,
N-o dau pe trecutele-amintiri,
Ce vin si trec fara de veste.

Un semn daca primeste,
Ea stie, recunoaste,
Cine cu-adevarat iubeste,
Si cine vrea doar sa se joace.

E-atat de greu

E-atat de greu, totusi usor,
Sa cuprinzi fericirea.
Vegheaza-n preajma-ti ca un nor,
Dar tu nu-i vezi trairea.

E-atat de-aproape ca nu-i simti,
Suflarea-i plina de caldura,
Si stai si cauti si te minti,
Cand inima-ti devine dura.

Te pierzi in intrebari si-n ganduri,
Te pierzi in lucrurile desarte,
Iar viata trece, nu te bucuri,
Caci mintea doar carari desparte.

Era un inceput de toamna

Era un inceput de toamna,
Cand frunzele ingalbenesc,
Si stau din pom sa cada,
Peste covorul pamantesc.

Tu ma-ntrebai daca mai stiu,
De prima noastra noapte,
Cand era ploaie si tarziu,
Si-aveam o dragoste aparte.

Cum pot sa uit o noapte,
In care dragostea a venit,
M-a fermecat cu dulcile-i soapte,
Apoi m-a tot mintit si m-a lovit ?

Este momentul care doare,
Cand vine-n inima fiorul,
Si-aduce amintirea care,
Iti stinge si mai tare dorul.

A fost frumos si minunat,
Doar o poveste pe hartie,
Scrisa candva, dar s-a uitat,
Si nimeni nu mai vrea sa stie.

Este rece

Este rece,
Distanta dintre mine si tine.
Este rece,
Noaptea care-atat de mult tine.

Fiorul rece infasoara,
Corpul firav si-nfrigurat,
Ce tremura-n noaptea bizara,
In care te-ai intunecat.

Este rece,
O raceala furioasa,
Care nu trece,
E tot mai umeda si deasa.

Atinge mintea si-o strabate,
Iar gheata rece si alunecoasa,
Cuprinde-n mainile-i curate,
Si stinge incet, ultima raza.

Esti atat de frumos

Esti atat de frumos, esti,
Ca fluviul naiului ce se revarsa,
In cantecul baladelor ceresti,
Ce prinde inima si mi-o rasfata.

Esti ca ploaia ce vine grabita,
Sa mangaie corpul obosit,
Se-aseaza peste mine-o clipa,
Alunga tristea-mi s-o uit.

Esti incantarea inimii mele,
Te-ascund acolo-n coltisor,
Si-mi este frica de te-oi pierde,
Iubitul meu, iubit cu dor.

Iti cant balade, poezii,
Pe valul marii cea fierbinte,
O lume-as transforma-o ca sa vii,
Sa fie totul ca-nainte.

Imi canta naiul cu tristete,
Ca-mi este dor, atat de dor,
Cand ma atinge vantul diminetii,
Si ma trezesc, dar patu-i gol.

Se scurge inima-mi din mine,
O picatura si-nca alta,
La urma nu stiu ce-o ramane,
Doar stiu, ca se sfarseste viata.

Esti, esti cheia

Esti, esti cheia inimii mele,
Cu ea ai inchis,
Mi-ai inchis drumurile.
Esti cheia mintii mele,
Cu ea ai inchis si gandurile.
Ai inchis fiinta mea toata,
Cu cheia ce se afla la tine,
Si mana ta o poarta,
Fara sa stiu de mine.
Sunt cheia ce doarme,
Doarme-n mana la tine,
Si visele nu vor sa zboare,
Au incetat sa se mai plimbe.
Stau lipita de mana stransa,
Ce ma tine incuiata,
Scaparea nu exista,
Caci cheia, in inima-i sapata,

Esti in mintea mea

*Esti in mintea mea,
Si curgi, curgi ca un rau,
Imi umpli inima,
Cu zumzetul tarziu.*

*Te sorb in cugetul meu bland,
Hranindu-ma din a ta seva,
Si-ascult mereu al tau cant,
Ce ma-ntareste, imi da verva.*

*Doar tu poti vedea in inima,
Ce curge si traieste,
Si cum m-afunda in enigma,
O viata care spera si nutreste.*

Esti, existi, ramai

Esti si vei ramane,
Bucuria cea dintai,
Te port in suflet langa mine,
Sa nu mai pleci, te rog ramai.

Esti, existi, ramai,
O dragoste fara de nume,
O dragoste dintai,
Ce niciodata nu apune.

Esti respiratia fiintei mele,
Fara tine aer nu exista.
Nu pot trai si-s vremuri grele,
Totul ma face sa stau trista.

Esti soarele cu raze-mbietoare,
Ce lumineaza viata mea,
Esti ploaia cea racoritoare,
Ce-mi rascoleste toata fiinta.

Esti muza durerii

Esti muza durerii mele,
Te-ai cuibarit in viata mea,
Si-ai impiedicat-o sa mai spere,
I-ai alungat insufletirea.

I-ai intins capcane,
Si-ai prins-o-n jocul tau.
Nu stii de-i bine sau o doare,
Vrei doar, sa-i fii o muza mereu.

Te dezmierd in ganduri,
Marete si pline de iubire,
Te-acopar cu randuri,
Ce vin din a mea simtire.

Esti muza iubirii,
Plapanda si buna,
Esti dorinta fericirii,
Ce sta acum in umbra.

Esti muza si vei fi mereu,
O muza, care este calatoare,
Traieste-n doar in sufletul meu,
Si-i muza care doare.

Eu nu stiu s-aleg

Eu nu stiu s-aleg,
Cuvinte care sa te-ncante.
Iti spun doar ca alerg,
Sa-ti fiu tot inainte.

Nu stiu ce-nseamna resemnarea,
Nu stiu ce-nseamna-a da inapoi,
Eu stiu doar ca apropierea,
Uneste oamenii ca noi.

Eu nu stiu a spune,
Cuvinte-mbietoare,
Cuvinte spuse doar in lume,
Cuvinte fara de valoare.

Eu spun doar simplu,
Spun ca te iubesc.
Nu stiu daca vreodata timpul,
Va arata, pentru ce traiesc.

Eu spun ca diminetile,
Ma trezesc doar pentru tine,
Iar noptile,
Doar cu tine-s pline.

Este greu

Este greu sa-mparti iubire,
Este greu, e foarte greu,
Sa dai cui n-a primit, nu stie,
Si nu-i aproape de sufletul tau.

Este greu sa daruiesti iubire,
Cand toti asteapta altceva,
Si rad, rad de-a ta simtire,
Si spun ca s-a schimbat si moda.

Este greu sa porti o iubire,
Sa n-ai, sa nu ai cui o darui,
Sa mocneasca in nestire,
In carapacea inimii.

Esti umbra mea

Esti umbra mea din vis,
Ce-odata cu dimineata apune.
Intinzi o mana si m-ai cuprins,
Soptindu-mi usor al meu nume.

Si-atingi urechea-mi cu-n sarut,
Fiinta mea vrei sa te simta,
Sa stiu ca ma iubesti, sa nu te uit,
Sa cred intr-o dragoste ravnita.

Apoi te-asezi si stai cu mine,
Din amintiri sa depanam,
Si-mi spui de-o dragoste din tine,
Ce vrei s-o simt, sa o pastram.

Intrebi de te-am uitat vreodata,
Sau daca dragostea-i la fel,
Daca mai e ca alta data,
Caci tu-ai ramas mereu fidel.

Ce pot a spune unei umbre,
Ca inima mereu viseaza?
Ca ai ramas doar tu pe lume,
O dragoste ce sta tot treaza?

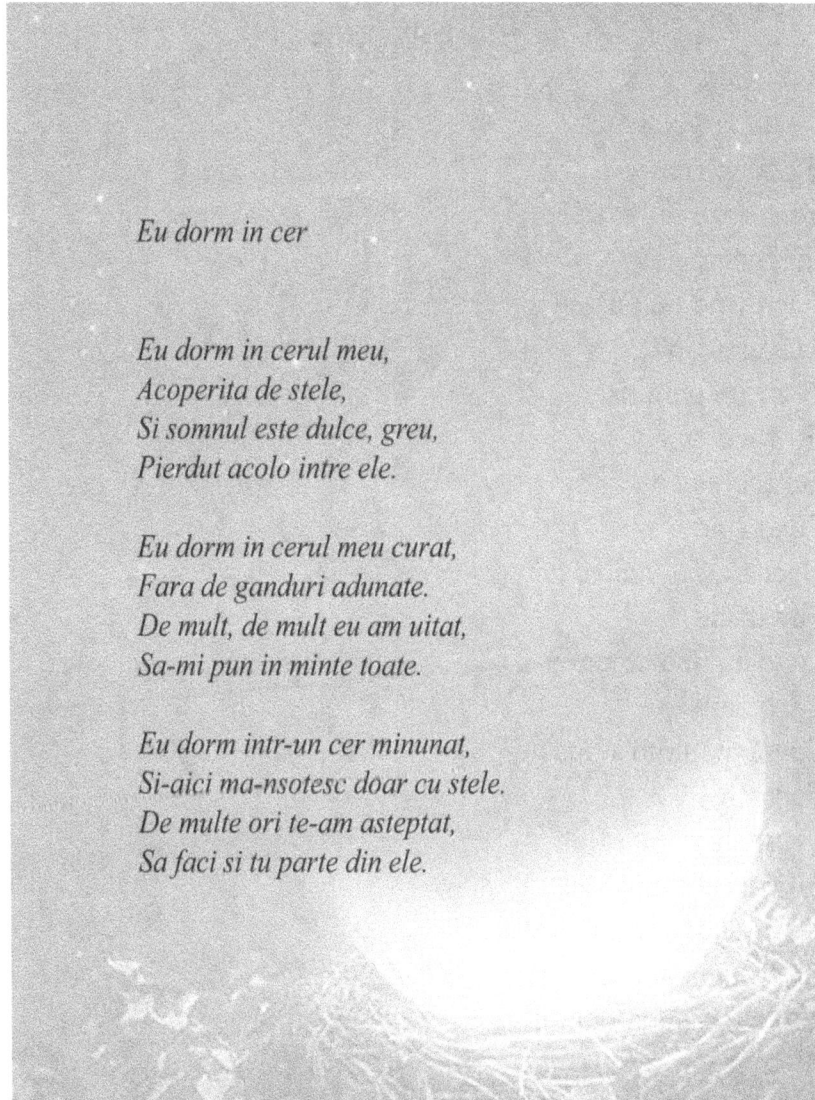

Eu dorm in cer

Eu dorm in cerul meu,
Acoperita de stele,
Si somnul este dulce, greu,
Pierdut acolo intre ele.

Eu dorm in cerul meu curat,
Fara de ganduri adunate.
De mult, de mult eu am uitat,
Sa-mi pun in minte toate.

Eu dorm intr-un cer minunat,
Si-aici ma-nsotesc doar cu stele.
De multe ori te-am asteptat,
Sa faci si tu parte din ele.

Eu fara tine

Eu fara tine,
Fara tine nu pot trai.
Eu fara tine,
Fara tine nu pot respira.
Eu fara tine,
Sunt un pom uscat.
Eu fara tine,
Sa traiesc am incetat.
Fara tine,
Soarele nu mai rasare.
Fara tine,
Luna nu are culoare.
Fara tine,
Cerul meu este pustiu.
Fara tine,
Sa traiesc nu stiu.
Eu fara tine,
Nu-mi gasesc pamantul,
Si stau mereu in aer,
Unde ma duce gandul.
Ai spus,
Ai spus ca stai,
Si-ai disparut, te-ai dus,
Pe vre-un pamant, in rai.
Eu stiu doar fara tine,
Viata mea s-a stins.

Nu am, nu am vreo lume,
Un inceput sau un cuprins.
Nu stiu ce-i cu mine,
Stiu ca-n singuratate, traiesc un vis.

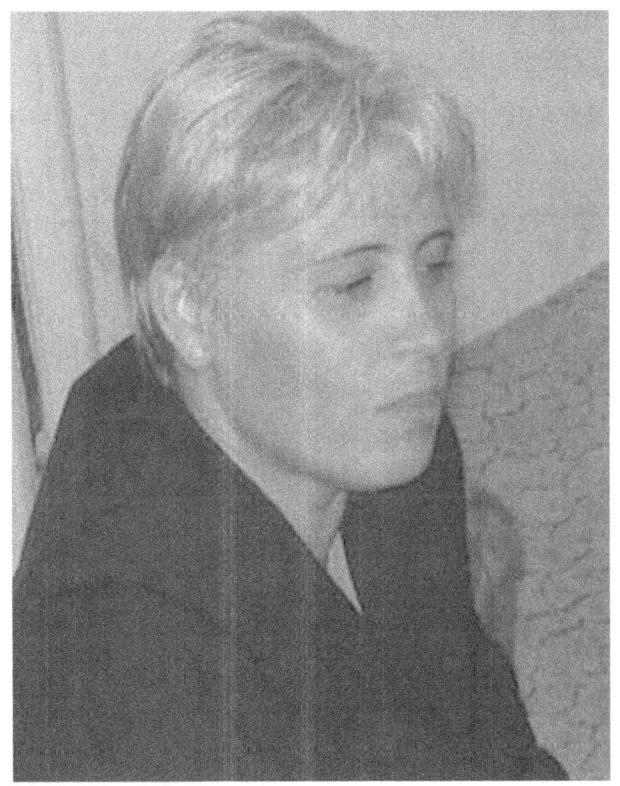

Eu sunt o mica muritoare

Eu sunt o mica muritoare,
Ce pe pamant am coborat,
S-alin o rana care doare,
Un suflet, care s-a pierdut.

Aduc un zambet si-o culoare,
In inima ce sta deschisa,
Si-i racorita dup-o ploaie,
E vesela, nu mai sta trista.

Eu sunt o floare cu miros,
De versuri adunate,
Pe-o pagina care s-a scris,
Si vor ramane, nu vor fi uitate.

Eu sunt o raza care-am coborat,
S-alung din voi orice tristete,
Sa va-ncalzesc cu zambetul plapand,
Si-un gand, ce-aduce tinerete.

Eu sunt o aripa

Eu sunt o aripa din tine,
Care ma pierd si zbor un pic,
Apoi ma-ntorc si iar mi-e bine,
Nu pot sa zbor, sa ma ridic.

Ma tine dorul catre tine,
Si ma apasa cand mi-e greu,
Nu pot sa fug in larga lume,
Ca dorul sta in drumul meu.

Iar daca intr-o clipa,
De ratacire ma trezesc,
Ca aripa ma prinde, ma ridica,
Spre ceru-nalt eu ma grabesc.

Si plec in fuga si grabita,
Fara o clipa de zabava,
Lasand o inima-mpietrita,
De-o dragoste tacuta si bizara.

Si-ti daruiesc parfumul ce te-mbie,
Sa-l simti pana ma voi intoarce,
Sa nu simti lipsa timpurie,
Al chipului ce tare-ti place.

Stefania Rotariu

Iar ochii tai se scalda-n agonie,
Privind la timpul care trece,
Si te atinge-o umbra cenusie,
Ce nu se-ntoarce, vrea doar sa plece.

Exista iubirea

Exista desigur iubirea,
Ea vine incet ca un hot,
Iti cauta privirea,
Si te-a-nrobit de tot.

Iubirea-i placerea enorma,
Ce intra-n fiinta ta,
Iar viata n-are vreo noima,
Nu poate exista fara ea.

Iti sfredeleste inima-ntreaga,
Nu lasa nimic neocupat,
Se-aseaza si nu vrea sa mearga,
E locul ei, te-a capturat.

Exista iubire, nimeni nu poate,
S-opreasca o dulce simtire,
Ce te cuprinde-n mainile-i calde,
Si-ti daruieste fericire.

Exista iubirea si o cunosc,
Imi da tarcoale mereu,
Nu pot s-o ascund, s-o ocolesc,
Sa fug de ceea ce reperezint eu.

Exista iubire si totusi

Exista iubire si totusi,
Totusi, traim in nefericire.
Exista iubire si stam,
Stam lipiti ca orbii,
Nu vedem vreo licarire.
Exista, exista multa, multa iubire,
Iar noi ne zbatem in ratacire.
De ce alergam, iubirea s-o cautam?
De ce nu vedem ca exista,
Si langa noi sta treaza si rezista?

Fericita fii

Fericita fii,
Tu intre femei,
Ce viata reinvii,
Pentru copiii tai.

Maica binecuvantata,
A fiului ceresc,
Maicuta minunata,
Si dar curat, regesc.

Ai zamislit in chinuri,
Un prunc sfant si curat,
Si-ai plans cand grele lanturi,
L-au lovit, l-au vatamat.

Dar ai stiut in cuget,
Ca a lui pedeapsa,
A luminat un suflet,
A Domnului, ce nu ne lasa.

Caci pruncul El si l-a jertfit,
Pentru ca noi in lume,
Sa nu avem mult de platit,
Caci a platit cu al sau nume.

Ganduri, multe ganduri

In noaptea alba si pustie,
Astern grabita randuri, randuri,
Cuvinte care stau sa fie,
Martore in rastimpuri.

Incerc sa scriu si mana-mi se supune,
La ritualul ce atinge foaia,
Dar mintea mea-i in alta lume,
Ma chinui, ma chinui degeaba.

Ma joc si pun cate-un cuvant,
Il scriu si-odata se transforma,
Intr-o poveste de demult,
Povestea noastra sumbra.

Ganduri ravasite

Ganduri si vise ravasite,
Pe-o pajiste-a vietii intinsa.
Acum le pierd si sunt gasite,
Le uit, le-adun, stiu ca exista.

Le pun in manunchi adunate,
Apoi incerc sa le dau nume,
Si toate-mi sunt importante,
Si toate au insemnatate anume.

Ganduri si vise adunate,
De-a lungul anilor trecuti,
S-au implinit aproape toate,
In anii, care nu-s prea multi.

Ganduri si cuvinte

Peste-oceane de cuvinte,
Se asterne-ncet tacerea.
Nu mai pot merge-nainte,
Nu-mi mai pot gasi placerea.

Zilele se scurg la fel,
Una seamana cu cealalta,
Nimic nu se schimba-altfel,
Unde-i bucuria de-altadata?

Alerg, alerg fara-ncetare,
Si vreau sa prind, eu nu stiu ce,
Si-ntr-o continua-alergare,
Viata curge si se trece.

Iesi din gramada

Iesi din gramada gandurilor,
Ce nu te ridica.
Iesi din tiparul randurilor,
Care te face sa fii mai mica.

Si urca piscuri infinite,
Cu aripi de pasari zburatoare,
Care zboara spre ceruri grabite,
Sa se ridice pana sus la soare.

Si n-atinge cu aripile tale,
Locurile triste si joase,
Locuri lipsite de valoare,
Ce le-au mancat pe cele frumoase.

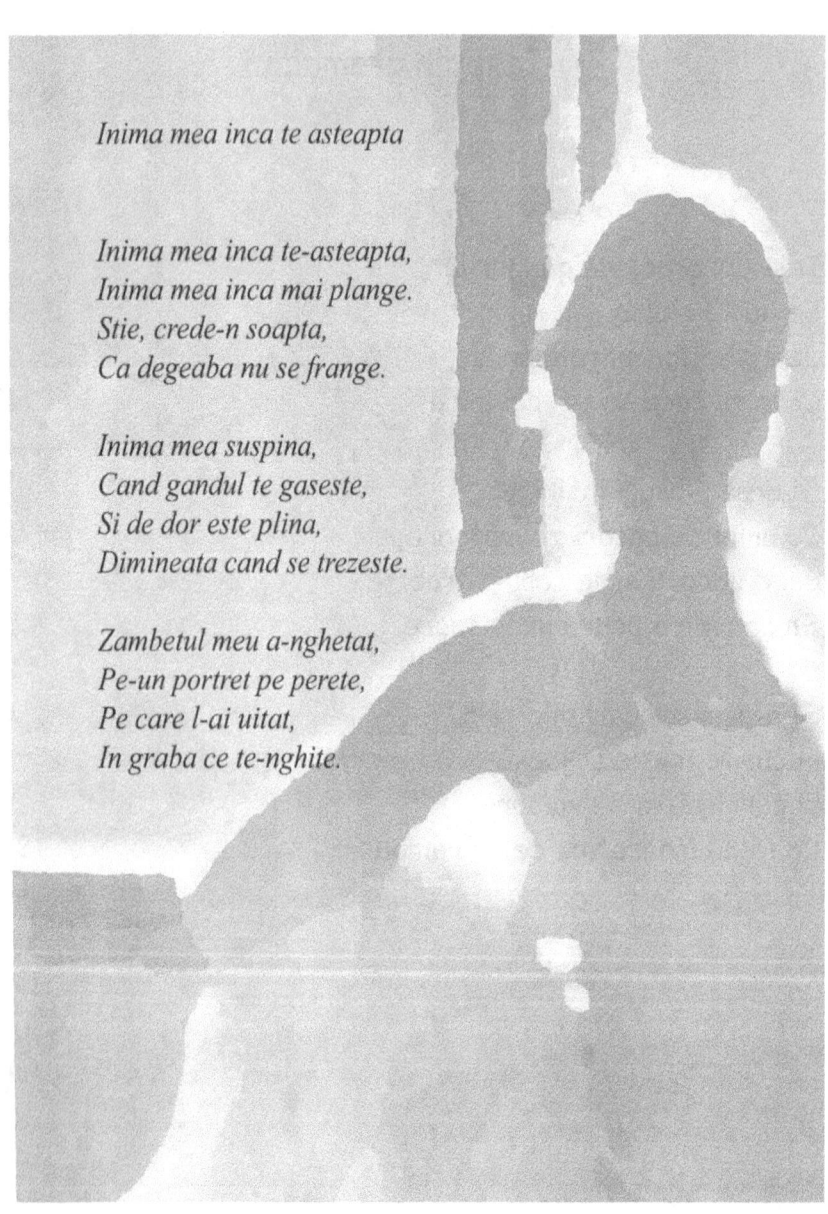

Inima mea inca te asteapta

Inima mea inca te-asteapta,
Inima mea inca mai plange.
Stie, crede-n soapta,
Ca degeaba nu se frange.

Inima mea suspina,
Cand gandul te gaseste,
Si de dor este plina,
Dimineata cand se trezeste.

Zambetul meu a-nghetat,
Pe-un portret pe perete,
Pe care l-ai uitat,
In graba ce te-nghite.

Inima-mi te cauta

Inima-mi te cauta fara incetare,
Neobosita-n zi si-n noapte,
Si are, mai are inca rabdare,
Si-asteapta ale dragostei dulci soapte.

Inima-mi inca strabate,
Vise care se coboara,
Si-obosite vin din noapte,
Sa-nvioare-o inimioara.

Sunt tesute din sperante,
Care stau mereu la panda,
Sa culeaga-un pic din viata,
Fara-a prinde vreo osanda.

Si se-aduna pic cu pic,
O speranta si-apoi alta,
Construind dintr-un nimic,
Visul si realitatea.

Inima se imparte

Daca iubesti, inima se imparte.
Daca esti trist, inima-ti plange.
Si orice om din viata ta, e parte,
Iar plecarea lui, inima ti-o frange.

Inima primeste si daruieste iubire,
Tot ea sufera sau se bucura,
De esti bine sau in ratacire,
Ea te priveste tacuta-n umbra.

Inima inseamna viata,
Ea-ti incalzete simtirea,
Te cuprinde, te rasfata,
Iti aduce-n dar iubirea.

Inima singuratica

Inima singuratica si trista,
De razi sau de plangi,
Nimeni pentru tine nu exista,
Sa te-aline, daca tu te stingi.

Inima pretiosa, nestiuta,
Nimeni nu vede cum esti,
Nimeni nu-si aminteste si uita,
Ca trebuie si tu sa traiesti.

Si stai tacuta, ingandurata,
Cauti pe-undeva o alintare,
A bratelor de altadata,
Ce iti dadeau o-mbratisare.

Iubeste-ma asa cum sunt

Iubeste-ma asa cum sunt,
Cu simplitate si ardoare.
Iubeste-ma, sa-ti fiu un gand,
Cand inima te doare.

Iubeste-ma chiar daca rad,
Sau daca plang cu lacrimi care,
Se-opresc in mainile-ti ce strang,
Suvoiul gandurilor rare.

Iubeste-ma chiar daca,
Gandul mi se zbate aiurea,
Si crezi ca sunt plecata,
Cutreier toata lumea.

Iar de singuratatea ma apasa,
Da-mi un ragaz si nu pleca,
Sa stii ca tare-mi pasa,
Si vreau sa fii in preajma mea.

Iubire atinsa

Iubire atinsa,
De praful uitarii,
Te-ai lasat invinsa,
De lacrima durerii.

Si stai obosita,
Privind in tacere,
Cum viata ti-e stinsa,
Si n-are putere.

Iubire cuprinsa,
In bratul de stele,
Spre ceruri trimisa,
Sa stai printre ele,

Primeste-ti menirea,
De stea cazatoare,
Si ia-ti stralucirea,
Nu fii calatoare.

Iubirea este motivul

Iubirea este motivul existentei.
Iubirea este zambetul suav,
Rasfirat in zorii diminetii,
Peste corpul tau firav.

Iubirea este cantecul,
Ce sursura in revarsare,
Si-ti umple inima si sufletul,
Cu bucurie, desfatare.

Iubirea e-un fluture ce zboara,
Liber, frumos si minunat,
Se pune pe-o floare sa-i ceara,
Mirosul ei placut si parfumat.

Iubirea-i inima mea,
Fara iubire na-s trai,
Si trista-as fi-n lumea,
Ce se zbate-n incercari.

Iubirea mea te-alina

Iubirea mea te-alina,
Daca inima se frange,
Si langa tine ea suspina,
Cand lacrima te frige.

Iubirea mea te ocroteste,
Cand esti singur si trist,
Cu zambetul ei te-nveseleste,
Te poarta-n paradis.

Ce-ar fi iubirea fara mine?
Doar viata trista si fugara,
Ce s-ar petrece-n nopti si zile,
Si-n ceasul vremii de afara.

Imi este dor

Imi este dor,
De ochii tai imi este dor.
Imi este dor,
De zambetul tau imi este dor.
Imi este dor de noi,
De ce imi este dor?
Privesc tristetea ce coboara,
Peste vremea timpurie,
Si-ntunericul doboara,
Orice urma de-armonie.
Imi este dor si lacrimi,
Lacrimi curg in mine,
Findca, fiindca-mi este dor de tine.
Se-nalta gandu-mi catre cer,
Cu usurinta unui fulg,
Nimic, nimic nu pot sa cer,
Nimic nu pot sa mai alung.
Si-mi este dor.

Imi este dor de tine

Imi este dor de primul tau sarut,
Imi este dor sa te mai vad, sa te aud,
Imi este dor de prima-mbratisare,
Si de privirea ta, mi-e dor tare.

Mi-e dor sa ne plimbam de mana,
Mi-e dor de-atingerea divina,
Mi-e dor sa-mi spui ca ma iubesti,
Iubirea mea, pe unde esti?

Mi-e dor de noi, de tine,
Mi-e dor sa fii cu mine,
Sa-mi dai dulceata buzelor,
In zorii diminetii, mi-e atat de dor.

Mi-e dor, mi-e tare dor,
Ca ma voi stinge, am sa mor.
Nu pot sa-ti spun, sa strig,
Ce dor imi este si cat plang.

Imi este greu

Imi este greu cu tine,
Si fara tine-mi este greu.
As vrea, as vrea sa fie bine,
Dar simt de multe ori, ca nu sunt eu.

Cand ma dezmierzi,
Fiinta-mi se cutremura de placere,
Iar cand cu firea tu te pierzi,
As vrea sa fug, sa fug din asta lume.

Te vreau, te resping, te doresc,
Si gandul fuge spre tine,
In noptile cu luna m-adapostesc,
La pieptu-ti, fiindca-mi este bine.

Si lacrimi cad de fericire,
Sau de tristete uneori,
Nu stiu cum este, cum ar fi mai bine,
Sa fiu cu tine, sau singura doar eu?

Imi este inima

Imi este inima alba,
Ca foaia de hartie,
Nimic nu ma anima,
Nimic nu ma imbie.

Incerc sa caut zambetul,
Il caut undeva,
Dar vine gandul,
Ce spulbera tacerea.

Cuvintele n-alearga,
Grabite ca alta data,
Iar mana sta pribeaga,
Si cauta povestea minunata.

Oare s-a dus ceva,
Oare se va intoarce,
Lipseste-n viata mea,
Ideea care sa ma-mpace?

Stefania Rotariu

Imi iau adio

Imi iau adio de la tine,
Iti spun cu drag ''Un bun ramas''.
Nu esti tu dragostea din mine,
Esti doar, un sentiment patimas.

Credeam, speram si iata,
Aburul tau s-a-mprastiat,
Si-am vazut cum se deschide-o poarta,
Spre care-am fugit, m-am inselat.

Iubirea este pura si iarta,
Aduce bucurie, nu tristeti.
N-as vrea sa ma trezesc vreodata,
In bratele suparate-n dimineti.

Imprastii bunatate si candoare,
Si poate pentru tine e prea mult.
Eu nu-ti mai dau a mea chemare,
Spre-o dragoste, in care sper si urc.

Dau dragoste acolo unde este,
Nevoie-arida si tristete,
Iar fericirea-mi se-ntareste,
Si viata-mi urca alte trepte.

Imi place sa fiu

Imi place sa fiu,
Alaturi de tine,
In noapte tarziu,
Sa stiu ca esti cu mine.

Imi place sa simt,
Mireasma dragostei din tine,
De-aceea te alint,
Fiindca stiu ca-ti este bine.

Sarutul sa ti-l daruiesc,
In miez tarziu din noapte,
Sa simti cat te iubesc,
Sa stii ca esti din mine parte.

Inchide ochii

Inchide ochii si prinde sensul,
Melodiei ce se-ntinde,
Pe foaia vietii unde versul,
Te imbie, te cuprinde.

Lasa zambetul sa-ti zboare,
De pe buze care-asteapta,
Si tanjesc, tanjesc mai tare,
Dupa un sarut si-o soapta.

Vino, stai jos langa mine,
Iubite doar incearca,
Spera, totul va fi bine,
O viata buna-o sa se-ntoarca.

Lasa visul sa te tina,
In bratele iubirii care,
Tanjeste sa revina,
Sa se-aseze la picioare.

Apoi saruta privirea,
Ce imprastie culoare,
Cuprinde nemurirea,
Blanda si rabdatoare.

Strabate infinitul,
Scriind istoria vietii,
Si uita-a scrie sfarsitul,
Ci doar continuarea tineretii.

In amurgul serii

Amurgul serii s-a lasat,
Usor peste casele-acoperite,
Cu ploaia care n-a-ncetat,
Sa bata-n geamuri aburite.

Privesc undeva departe, departe,
Si vad cum se-ntinde,
Tabloul toamnei minunate,
Ce ma incanta, ma surprinde.

E-atata frumusete pamanteasca,
Culori, miros, privelisti,
Alcatuiesc o lume-mparateasca,
In care poti visa, poti sa existi.

Intind mainile

Intind mainile spre cer,
Sa trimit o rugaciune,
Dumnezeului sa-i cer,
Sa se uite si la mine.

Si-un inger din cer coboara,
Peste un covor de stele,
Si cu drag ma infasoara,
In visele ce ma pierd printre ele.

Si-n zaduful diminetii,
Imi da aripi si racoare,
Ca sa zbor pe coama vietii,
Fara frica, sa ma-nalt spre soare.

Pun o raza de lumina,
In palma ce s-a inchis,
Si-o pastrez ca sa mai tina,
Pana vii aici, in vis.

Intinde mana

Intinde-ti mana,
Sa-ti pun inima-n ea.
Intinde-ti mana,
Sa-ti pun si viata.

Tu esti stapanul,
Inimii ce ti se daruieste.
Tu esti destinul,
Ce-n mine se naste si traieste.

Buzele mele se-aprind,
La atingerea numelui tau,
Ochii in zare se sting,
Cautandu-te mereu.

Mainile sunt ramuri fermecate,
Ce-nmuguresc cand le atingi,
Si corpul care striga si se zbate,
Traieste-n umbra, in care te ridici.

Intre

Intre cer si pamant,
Se ridica dragostea.
Intre cer si pamant,
Domneste iubirea.

Si daca toata atmosfera,
Este inundata de dragoste,
Si sta de veghe iubirea,
Ce nu mai are limite,

Cum poate fi,
Un cer lipsit de stele,
Un om cum poate rataci,
Fara sa stie, printre ele?

In goana calului

In goana calului cand fuge,
La tine as fugi.
Si de-as putea cumva ajunge,
Nu te-as lasa sa pleci, eu te-as opri.

Si as intoarce zilele in urma,
Si as lua-o iar de la-nceput,
N-as mai lasa nimic s-atinga,
Iubirea care-a fost si a trecut.

Nu as inchide ochii fara teama,
Sa stiu ca iar si iar te-as pierde,
Ti-as pune inima in palma,
Si dragostea ar sta de veghe.

In noptile de nisip

In noptile de nisip,
Se scurg alene visele,
Si cate-un pic, un pic,
Se numara si gandurile.

Uitata pe malul unei mari,
Straina, avara si intinsa,
Pana departe-n departari,
Dormea o umbra, in nisipuri prinsa.

Si gandurile-i s-au amestecat,
Cu valurile repezi si grabite,
Ce-n urma lor au maturat,
Vise si ganduri, in zarile cernite.

In taina te strecori

In taina te strecori in noapte,
Si lasi parfumul sa ma-mbie,
Te caut, te urmez prin soapte,
Ma pierd in noaptea neagra si pustie.

Apari aici, apoi dispari,
Te joci voioasa si sprintara,
Iubire care dai fiori,
Esti bucurie, primavara.

Cuprinzi in mana-ti fermecata,
O inima ce ti se-nchina,
Ii dai caldura ta curata,
Si-o scalzi in raze de lumina.

In tacerea noptii

In tacerea noptii,
Ascult inima cum plange,
Si umezi imi sunt ochii,
Caci chipul tau ii frige.

Nu ne-am vazut de mult,
Nu stiu cum mai arati,
Amintirea-ti o sarut,
Caci mult, mult imi lipsesti.

Ascult, ascult inima cum bate,
La tine se-nfierbanta,
Te-ai dus candva departe,
Si ai lasat o durere adanca.

Inca mai sunt indragostita,
Caci inima-i doar jumatate,
A fost candva impartita,
S-o reintregesc, nu se mai poate.

Ascult o muzica,
Ce lacrimi imi coboara,
Si inima sta trista si asculta,
Bea lacrimi, bea multe sa n-o doara.

Stefania Rotariu

Intr-o mica incapere

Intr-o mica incapere,
Stau scriind si plang,
Despre vorbele cu jele,
Care mi le dati pe rand.

Sunt cuvinte minunate,
Le adun in inima,
Sunt ca niste nestemate,
Ce ma intaresc, ma schimba.

Nici nu stiti cata iubire,
Mi-ati trimis in viata mea,
Ce-mi parea o amagire,
Azi, imi desluseste calea.

Poate eu sunt prea duioasa,
Poate inimi am cules,
Ziua mea e-o zi frumoasa,
Daca-n urma las un vers.

Invata

Invata sa plangi,
Daca vrei sa ti se vindece ochii,
De tristetile ce le-alungi,
Si nu mai vrei sa te apropii.

Invata sa numeri,
Ca viata are numai doi,
Si-n cel de langa tine tu sa speri,
In bucurii si in nevoi.

Nu lasa sufletul sa moara,
Sa caute fara-ncetare,
O lume trecuta pe din-afara,
In care tu sa n-ai valoare.

Lupta si aduna saruturi,
In zorii diminetii,
Cand te trezesti alaturi,
De jumatatea vietii.

In viata vin cateodata

In viata ta vin cateodata,
Oamenii buni sau diferiti,
Ei vin, apoi intodeauna pleaca,
Nu-ti sunt pe veci sortiti.

Iar daca cineva iti spune,
Ca a venit mai mult sa stea,
Tu socoteste doar ca-s glume,
Nici el nu stie, de-i asa.

Viata ia-o ca pe-o strada,
Pe care vin multi calatori,
Ei vin, ei vin doar sa te vada,
Apoi, nu le mai pasa daca mori.

Iti dau sarutul iubirii

Iti dau sarutul iubirii,
Saruta-ma asa cum stii.
Iti dau sarutul fericirii,
Doar trebuie sa vii.

Ai disparut din viata mea,
Si am crezut ca voi muri,
Dar am primit o stea,
Ce imi spunea ca vei veni.

Ai fost in vis mereu,
Si-am adormit cu tine,
In noptile cand gandul greu,
Se-nfasura pe mine.

Dar eu stiam,
Stiam ca vei veni,
Caci dragostea nu-i in zadar,
Este la fel ca-n prima zi.

Iti dau totul iubire

Iti dau totul iubire,
Cu lacrimi in poezii te cant.
Totul, totul este pentru tine,
Si pentru cei ce vin si sunt.

Iti dau totul iubire,
Iti pun la picioare sufletul meu.
Iti dau ofranda in nemurire,
De-a fi langa tine mereu.

Iti dau timpul meu iubire,
In tine ma scald zi de zi,
Si vreau sa ma sting in fericire,
Doar langa tine, de va fi.

Nu ma satur de tine iubire.
Tu esti seva vietii mele,
Cu tine ma hranesc in nestire,
Din tine ma-nfrupt cu placere.

Iti multumesc mama draga

Iti multumesc mama draga,
Pentru ce mi-ai daruit,
Pentru viata mea intreaga,
In care tu m-ai zamislit.

Iti multumesc pentru grija,
Ce mi-ai dat-o de copil.
Iti multumesc pentru iubirea,
Din modul tau bland si umil.

Iti multumesc mama draga,
Ca din cer tu ma veghezi,
Si simtirea ta intreaga,
Peste mine o reversi.

Acum, in prag de sarbatori,
Gandu-mi se-ntoarce spre tine,
Lacrimile-mi uneori,
Vin si-mi spun, ca tu esti bine.

Lacrima frige

O lacrima te frige,
Si urma ei iti sapa,
Obrazul care plange,
Si este inundat de apa.

O lacrima de vine,
Mai cheama inca doua,
Si plangi, caci plansu-ti face bine,
Bei roua diminetii cand ploua.

Este licoarea ce adapa,
Un sentiment sau o dorinta,
Ea vine, chiar de nu-i chemata,
Si are pact cu-a ta fiinta.

Lasa-ma sa-ti spun

Lasa-ma sa-ti spun,
Cat de mult te iubesc.
Lasa-ma in inima s-adun,
Visul spre care ravnesc.

In inima ta as vrea,
Sa-ti sadesc dragostea curata,
Sa-ti dau din inima mea,
Din dragostea mea minunata.

Lasa-ma sa te-nvat,
Ce-nseamna iubirea,
Sa nu te pierzi doar in dezmat,
Sa nu gasesti tu fericirea.

Lasa-ma sa schimb,
Ce se-nfiripa-n tine,
Si sa te-aduc din timp,
Vesnic sa fii cu mine.

Luna

Luna pare-atat de mica,
De poti in mana s-o aduni,
Si-atunci cand mandra se ridica,
Se-ntinde peste vai si culmi.

Ea lumineaza asfintitul,
Cand soarele se duce la culcare,
Si-aduce mai aproape iubitul,
Langa iubita ce n-are rabdare.

Asculta cantece-n surdina,
Si vorbele ce sunt soptite,
Spuse incet, sub luna plina,
Ce sta deasupra sa asculte.

Mai avem timp?

Mai avem timp pentru toate,
Pentru noi si cei ce sunt,
Si traiesc graind in soapte,
Fiindca viata i-a supus?
Mai avem in noi dorinta,
Sa traim si sa speram,
Intr-o viata ce exista,
Si in care respiram?
Mai avem in fata viata,
Care poate sa anime
Bucuria, sa dea forta,
Viitorului ce vine?

M-ai intrebat

M-ai intrebat ce este fericirea,
Ce ganduri poate sa culeaga,
Si unde se termina nemurirea,
C-o viata care poate fi intreaga.

M-ai intrebat ce-aduce bucurie,
Cand inima cuprinde viata,
Cum poate si ar trebui sa fie,
Privirea cand luceste dimineata.

M-ai intrebat de soarele-ncalzeste,
Cu razele-i un pic de gheata,
Si primavara o trezeste,
Lasand o iarna, ce pleaca fara viata.

M-ai intrebat si-ntrebi tinand in minte,
Doar multe si nenumarate intrebari,
Care se-ascund dupa lungile cuvinte,
Ce le rostesti sau le gandesti uneori.

M-atingi cu gandul

M-atingi cu gandul,
Care-ti zboara catre mine,
Prieten drag, prieten bland,
Cand imi trimiti o veste despre tine.

Si-n vorbe calde ma adapostesti,
Cand imi trimiti mereu speranta,
Prietenia ta mi-o daruiesti,
Si nu conteaza ca-i distanta.

Cuvintele-mi nu sunt destule,
De a raspunde gandurilor curate,
Venite dintr-o-ndepartata lume,
In care inima iti bate.

Mai lasa timpul

Mai lasa timpul sa nu curga,
Mai stai si nu pleca,
Nu imi lasa durere-n urma,
Lasa-mi, lasa-mi iubirea ta.

Stiu ca viata,
Viata merge-nainte,
Si vei uita iubirea,
A mea iubire fierbinte.

Spune-mi ca nu vei pleca.
Spune-mi ca mai stai,
Ca stai in viata mea,
Si-o zi, o zi o sa-mi mai dai.

Ti-as darui cuvintele din minte,
Si dragostea ce-o am in mine,
Dar este-o cale ce-i-nainte,
Si ne desparte, se divide.

Te las si te petrec cu privirea,
Desi tristetea rabufneste-n mine,
Te las sa te amesteci cu nemurirea,
Iubirii care vesnic va ramane.

Intind o mana spre tine,
Dar tu n-o vezi, caci esti departe.
As vrea sa stai si timpul nu ramane,
Caci timpul nu mai este zi, e noapte.

M-as stinge

M-as stinge,
Dac-as sti,
Ca tu te-ai aprinde,
Si ai trai.

M-as stinge,
Dac-as sti,
Ca inima nu-ti plange,
Si n-ai mai suferi.

Pentru tine m-as stinge,
Sau m-as aprinde,
Sa stiu ca tristetea,
Te-ocoleste si nu te cuprinde.

As fi o lumina care arde,
Si arde neincetat,
Pentr-o inima ce crede
Si iubeste, n-a uitat.

Ma-ntrebi ce fac

Ma-ntrebi ce fac cu viata mea,
Si-ti spun ca inima imi canta,
Un cantec care ar putea,
Sa mute chiar si-o stanca.

M-oi ridica mai sus, mai sus,
Chiar daca izvorul dezamagirii,
Va incerca sa ma inece pe ascuns,
In apa neagra a pieirii.

Si-un pisc inalt am a urca,
Si nu ma voi opri din a mea visare,
Iar umbra ce o voi lasa,
Va fi o umbra, care niciodata nu moare.

Mereu

Mereu te voi iubi,
Mereu te voi salva,
Mereu voi fi alaturi,
Voi fi in viata ta.

Chiar daca uneori,
Tu uiti ca mai exist,
Chiar daca sunt si nori,
Iar ochii iti stau tristi.

Mereu voi fi o raza,
Ce lumineaza-n zi,
Si-mprastie caldura,
Si-aduce bucurii.

Mereu voi fi cu tine,
Mereu te voi iubi,
De-i rau sau este bine,
Mereu te-oi sprijini.

Minunata dragoste

Minunata dragoste,
Nu pot la tine sa renunt,
Tu esti menirea de a fi,
Tu esti ce am mai sfant.

Te-am primit in dar,
Impreuna cu gandul curat,
Si arzi in mine ca un jar,
Pur si neincetat.

Minunata dragoste,
Fara tine sunt nimic,
Tu esti adanc in mine,
Traiesti in al meu gand.

Minunata dragoste,
Imi dai aripi sa zbor,
Sa colind peste-o pajiste,
Ce-mparte mult dor.

Chiar dac-ar fi sa plec,
Fara sa stiu pe unde,
De tine am sa-mi leg,
O viata si un nume.

N-am ascultat de mult marea

N-am ascultat de mult marea,
Si valurile-i s-au pierdut,
Odata cu uitarea,
Trecutului ce-a fost demult.

Atunci cand ascult marea,
Inima-mi se-mbraca-n sarbatoare,
Si ia intruchiparea,
Fecioarei care zburda fara incetare.

Si fug, fug pe malul marii,
Privind cum se-ngana asfintitul,
Ce cuprinde largul zarii,
Si se uneste marea cu pamantul.

N-am obosit sa sper

N-am obosit sa sper,
Chiar daca uneori,
Imi pierd aripile spre cer,
Si viata-si pierde din culori.

N-am obosit sa cred,
Chiar daca langa mine,
Oamenii uneori se pierd,
Si nu au o dorinta-anume.

N-am obosit s-astept,
Clipele mari, frumoase,
Care-ti aduc placerea-n piept,
Si zilele-s mai calde, luminoase.

Niciodata sa nu ma lasi

Niciodata sa nu ma lasi sa plec,
Caci voi lua cu mine,
Trecutul nostru-ntreg,
Si nimic, nimic nu va ramane.

Voi lua sarutari si-amintiri,
Si dragostea o voi ascunde,
Mangaierile si dulci priviri,
Le-oi pune si tu nu stii unde.

Iar de intors, nu m-oi intoarce,
Oricat de grea-mi este plecarea,
Iar gandul meu iti va da pace,
Te vei gasi doar cu uitarea.

Noaptea

Puterea noptii se adapa,
Din gandurile mele,
Iar ochii nu primesc si-asteapta,
Odihna care trupu-o cere.

Ma zbat intre realitate sau vis,
Si-mi curg ganduri gramada,
Ce pot sa fac, ce-mi este scris,
In viata ce-o traiesc pribeaga?

Mi-e dor de oameni si de locuri,
Ce-n inima-mi se odihnesc,
Mi-am pus si vreau mai multe scopuri,
Sa le ating, sa le-mplinesc.

De-ar fi o viata, nu-i destula,
La cat as vrea sa ma ridic,
Sa las un gand, sa las o urma,
Pe un pamant atat de mic.

Noaptea sta treaza

Noaptea sta treaza,
Si genele-mi saruta.
Pe mine ma vegheaza,
Ca-i noapte mare, muta.

Nu-mi spune cuvinte,
Vegheaza-n tacere,
Priveste cuminte,
Cu mine la stele.

Si stam impreuna,
Caci somnu-a uitat,
S-aduca odihna,
Trupului prea incercat.

Noapte tacuta

Noapte tacuta, noapte tacuta,
In care ingerii,
Se roaga si canta.
Noapte tacuta, noapte tacuta,
Binecuvantata noapte,
Esti noaptea curata si sfanta.
In tine si-n tacerea ta,
A coborat din cer,
Isus nascut in ieslea,
Din locul cu mister.
Noapte tacuta, noapte tacuta,
In tine s-a zamislit,
Pruncul Isus cu binecuvantare multa,
Pentru-omenirea, pentru care-a venit.
E bucurie-n noaptea tacuta,
Si stelele lumineaza pe cer,
E semnul venirii in noaptea cea sfanta,
A pruncului Isus, cel sfant si fidel.

Noapte trista

Noapte trista si greu trecatoare,
Te strecori alene peste mine,
Patrunzi in inima ce doare,
Si dai doar de tristete si ruine.

Mi s-a inegrit inima patata,
De-atata durere si-amagire,
Plang, iar lacrimi spala fata toata,
Si plange inima din mine.

S-a rupt o dragoste firava,
Ce amagea zi dupa zi,
Si tot rodea fiinta-ntreaga,
Cu vorbe goale si iluzii.

O, noapte alba si avara,
Mananci din somnul ce n-apune,
Si trec privirea pe afara,
Si caut, oare ce caut prin lume?

Ma-nghesui cu genunchii la barbie,
Si gandul se imprastie aiurea,
Eram candva asa zglobie,
Si veneram tot cerul, cu stelele si luna.

Acum e-o noapte grea, neprimitoare,
Ce ma cuprinde ca si ura.
S-a strecurat, Doamne ce doare,
Cum n-am putut sa simt furtuna?

De-ai trece noapte ca si clipa,
Sa dorm, sa uit de-a mea durere,
Sa ma trezesc, sa nu-i simt lipsa,
Iar inima sa-mi zburde de placere.

Nu am nimic

Nu am nimic sa-ti spun,
Imagine inselatoare.
Ai fost, te-ai prefacut in scrum,
Ai ars ca o tigara.

Ai ars si fumul s-a imprastiat,
In mintea-mi adormita,
Dar iata ca s-a terminat,
Si vraja este-acum topita.

Ti-ai aratat gandirea si infatisarea,
Cu care tu m-ai adormit,
Dar iata, vad intruchiparea,
Strainului ce m-a mintit.

Dute, dute-n alta parte,
Spune-i altei c-o iubesti,
Spune-i si ei cuvintele desarte,
Ca-ti place doar sa amagesti.

Nu am stiut

Nu am stiut cat sunt de pretioasa,
Oglinda imi spunea zi dupa zi,
Ca sunt doar trista, manioasa,
Pe viata care nu mi-a adus doar bucurii.

Nu am stiut a pretui ce-i bine,
Ce-i maret, era obisnuit.
Si au trecut pe langa mine,
Clipe frumoase, care au pierit.

Si farmecu-mi lipsea din viata,
Petrecuta printre lucruri,
Iar inima-mi era de gheata,
Statea inchisa intre cuburi.

Acum gandirea mi-e schimbata,
Si tot ce-a fost doar greu si incercari,
Sunt clipele primite ca o plata,
Pentru ce-am trait si ce-am fost ieri.

Nu conteaza ce spui

Nu conteaza ce spui,
Nu conteaza ce faci,
Inima-mi n-o dau oricui,
E doar a ta, a ta pe veci.

Nu stii si nu vei sti,
Cata dragoste zace,
Si cata iubire va fi,
In inima ce plange si tace.

Nu stii cat am plans,
Cat am stat si-am sperat,
Intr-o sarutare, un suras,
Ce le-ai aruncat, le-ai spulberat.

Numele tau

Numele tau e raza de soare,
Caci daca tu pleci,
Disparitia ta doare,
Si soarele dispare pe veci.

Nu pot sa uit numele tau,
Ce-n mintea mea adoarme,
Si-l chem, il chem mereu,
Cand noaptea se asterne.

E-un nume rar,
Ce buzele-mi saruta,
Si-mi da dulceata-n dar,
Imi da dulceata multa.

Nu plange

Opreste-te nu plange,
Inima n-o intrista.
Intotdeauna dragostea te frige,
Nu ai ce-i face, asta-i dragostea.

Cauta o cale sa te-ntoarca,
De la tristetea care zace.
Cauta o inima incercata,
Ce stie sa planga, stie sa te-mpace.

Nu, nu plange femeie,
Vor fi si alte bucurii,
Te vei infrupta din ele,
Va veni si pentru tine-o zi.

Nu, nu plange si spera,
Si cauta, nu obosi,
Nu lasa inima sa fie stinghera,
N-o ignora, n-o pedepsi.

Canta si zburda femeie,
Adu-ti primavara in inima,
Nu-ti amara singura zilele,
Si lasa bucuria sa te cuprinda.

Nu pot sa vad a ta privire

Nu pot sa vad a ta privire,
Ce s-a ascuns in vremi trecute,
Si ma-nconjoara-o amagire,
Tesuta in cuvinte multe.

Caut un cer care-a apus,
O stea ce nu-si gaseste locul,
O floare ce n-are miros,
Si-o banca ce-a-nghitit-o focul.

E doar un loc si o parloaga,
Lasata fara importanta,
Si nici macar nu creste iarba,
E-un pamant fara verdeata.

Iubire vesnica si multa,
E-n poezia ce-a-nceput,
Sa planga si sa fie trista,
Si n-are nici-un happy end.

Asa sfarsesc iubiri ce-s trecatoare,
Iubiri ce au un eu si numai eu,
Nu au puterea sa doboare,
Primul obstacol, care-i cel mai greu.

Nu, nu trebuie sa-mi spui

Nu, trebuie sa-mi spui,
Cat ma iubesti.
Dragostea ta o vad in priviri,
O vad in felul cum vorbesti.

Inima mea simte bataile,
Inimii tale, care-mi canta.
Imi canta cantarile,
Ce-mi dau aripi, ma-nfierbanta.

Nu, nu trebuie sa-mi spui,
Nimic ce poate fi spus,
Caci ochii calzi si cenusii,
Nu au nimic de-ascuns.

Iar buzele tale-mi soptesc,
Cuvinte ce ma sorb intruna,
Si-mi dau sarutul ce-l doresc,
Sa-mi stea pe buze, pentru totdeauna.

Nu stii

Nu stii, n-auzi, nu simti,
Cantecul ce curge-n suspine,
Se-mprastie-n ochii fierbinti,
Ochii ce cauta a ta privire.

Si-nvolburata ca si marea,
Inima bate, bate-ntruna,
Crestata-n ea, se-ntinde cararea,
Pasilor ce si-au pierdut urma.

Nu stii, nu vreau sa stii,
Cum se stinge-ncet lumina,
Zilelor primei intalniri,
In care mi-ai rapit inima.

Sfarsitul melodiei a apus,
Tristetea coboara in lumina,
Acoperind cuvintele ce-aveam de spus,
Despre o dragoste, ce se numea deplina.

Nu stiu daca ochii tai

Nu stiu daca ochii tai,
Adevar imi spun.
Nu stiu daca vrei,
Sa fim doi pe-un drum.

Eu plec doar grabita,
Si-astept, astept ca tu,
Sa-mi daruiesti o clipa,
Nu spune te rog, nu!

Mergem pe-o cale,
A iubirii vapaie,
Ce-aprinsa ea sade,
Nu se stinge, nu moare.

Nu te-am uitat niciodata

Nu te-am uitat niciodata,
Inima mea a ramas langa tine.
Nu te-am parasit nici-o clipa,
Zambetul tau e sapat in mine.

Gandul meu s-a oprit, stii bine,
S-a oprit cand tu ai plecat,
Pierdut ai stat pe nu stiu unde,
De mine sigur ai uitat.

Nu te las

Nu te las sa te-mbeti inima,
Din licoarea interzisa,
Sa bei, sa bei fara limita,
Sa crezi in ceea ce nu exista.

Nu te las sa uiti inima,
Durerea ce s-a nascut in tine,
Si-ai lasat sa cuprinda,
Gandul, ca va fi mai bine.

Nu te las sa bajbai inima,
In intunericul ce vine,
Chiar daca stai si singura,
Si vremea trece peste tine.

Nu vreau un maine

Nu vreau un maine,
Nu vreau un ieri,
Nu vreau sa stiu ce ramane,
Nu vreau sa traiesc in mister.

Ti-am dat inima,
Si m-ai sedus,
Ti-am dat dragostea,
Crezand ca-i de-ajuns.

Doar ai primit in dar,
Si tu nimic n-ai daruit,
Un pic de dragoste macar,
Din ea sa gust, sa o ating.

Vise, vise rasfirate,
Pe-o viata alunecoasa,
Puse de-o parte, numarate,
De-o inima furtunoasa.

Stefania Rotariu

Nu-ti impartasesc iubirea

Nu-ti impartasesc iubirea,
Nu cred ca am gandit candva,
De ce ma-mbeti cu amagirea?
De ce-ai venit in viata mea?

Nu sunt o floare fara de miros,
Apoi sa o arunci de-i vrea,
Sa-i rupi petalele pe jos,
Ca vantul, sa le-aduca undeva.

Eu sunt o inima ce cade,
Cand vine lasarea noptii,
In lunga si dulcea visare,
Si nu se lasa-n mana sortii.

Cararea ta va fi departe,
De cararea ce-o batatoresc,
Si niciodata gandurile-ti desarte,
Eu nu vreau sa le impartasesc.

Asa ca du-ti a ta privire,
Departe, departe de ochii mei,
Si lasa-ma sa visez in a mea lume,
In care sa nu vii, sa nu mai speri.

Oare ce-ar fi?

Oare ce-ar fi,
Sa nu gandesti.
Sa lasi sa treaca-o zi,
Fara gandurile firesti?

Oare ce-ar fi, daca bucuria,
Ti-ar inunda inima,
Si-ai trai cu veselia,
Fara sa ai o clipa grea?

Oare poti sa ai o clipa,
Doar pentru mintea,
Care striga obosita,
Cautand, cautand linistea?

Oare eu pot?

Oare eu pot,
Atinge-o umbra,
Ce s-a sters, a disparut,
Atat de trista, atat de sumbra?

Oare pot da o sarutare,
Buzelor ce nu exista,
S-au dus catre inalta zare,
Si urma lor inca persista?

Oare eu pot atinge,
Mainile pline de mangaiere,
Cand urma lor ma frige,
Si sta sapata-n ele ?

Ce pot s-ating, sa mangai, sa sarut,
Cand totul este doar inchipuire,
Si totul s-a uitat si s-a pierdut,
Pe un taram fara revenire ?

Oda blandetii

Curgi blandete din inima mea izvorata,
Revarsa-te peste tristetea coborata,
Si da-mi alint si da-mi rabdare,
Fa-ma puternica, fa-ma mai mare.

Si du tristetile departe,
De mine sa nu aiba parte,
Si sa ma scald doar in lumina,
De bucurii sa fie viata plina.

Tu ma cunosti, ma intelegi,
Mistere si doruri le deslegi,
Cuprinzi o inima ascunsa si misterioasa,
Ii dai frumusete, o faci duioasa.

De dragostea imi da tarcoale,
Tu ma feresti si-mi stai in cale.
Dezamagirea cand pandeste,
N-o lasi sa ma cuprinda-orbeste.

Si inima buna, simtitoare,
N-o lasi sa planga cand o doare,
Si stai veghind doar in tacere,
Si-aduci, aduci doar mangaiere.

Stefania Rotariu

O data

Macar o data as vrea,
In brate sa ma strangi,
Sa-mi spui din nou ''iubita mea'',
Si numele sa-mi strigi.

Dar e-o-ncercare esuata,
Nu poate fi adevarat,
Pentru tine-a fost odata,
Un vis care s-a terminat.

Mi-e dor de-o umbra,
Pierduta-n larga zare,
Pierduta intr-o lume sumbra,
Ce nu-mi aduce alinare.

Mi-e dor de-o rana-adanca,
Sapata-n inima si doare,
O rana ce trebuie sa treaca,
Sa lase locul vietii viitoare.

O farama de iubire

Dintr-o farama de iubire,
Amandoi ne-am saturat,
Am mancat atat de bine,
Incat inimile s-au impreunat.

Dintr-o farama de iubire,
A crescut o floare rara,
Pe-un munte inalt in nestire,
Si se culege doar in ceas de vara.

Doar tu sau eu avem puterea,
De-a o atinge, mirosi,
Nimeni nu va avea menirea,
Sa o culeaga intr-o zi.

Stefania Rotariu

Ofteaza gandul

Ofteaza gandul iar in mine,
Si-i abatut pe undeva,
Se-ntoarce mereu la tine,
Te cauta maicuta mea.

Te pune intr-o inima ce doare,
Acolo este loc mereu,
Si niciodata imaginea nu moare,
In care se gaseste chipul tau.

Vin sarbatorile maicuta,
Si e zapada, bucurii,
Acum nu poti fi trista,
Nu te gandesti la ai tai copii.

Te odihnesti acolo unde-i bine,
Si stiu ca-ntotdeauna ma privesti,
Fiinta ta, face parte din mine,
Si stiu ce mult, ce mult tu ma iubesti.

O inimioara

O inimioara,
Ti-am trimis-o acum,
S-a rupt si-ncepe sa doara,
Nu stiu de ce si nu stiu cum.

Am incercat,
Sa ti-o trimit intreaga,
Dar ea s-a rupt,
Fiindca e firava.

Ti-o dau sa vezi ce faci cu ea,
Pe tine poate te asculta,
Ai grija, este inimioara mea,
Pastreaz-o si da-i iubire multa.

Papadia

In a vantului bataie,
Se ridica din cerdac,
Un firicel de papadie,
Ce-n odaie a intrat.

Si se plimba prin odaie,
Cauta un locusor,
Sa se puna sa mai steie,
Ca e mare calator.

Se aseaza-ncet pe fata,
Si se plimba jucaus,
Dai cu mana, dar te-agata,
Nu-ti da pace sa te culci.

Te trezesti dar somnoroasa,
Mergi sa pui de o cafea,
Si te uiti spre o fereastra,
Ce frumoasa-i dimineata !

Iar ai adormit tarziu,
Te trezesti mahmura,
Dar cafeaua-i elixir,
Pentru o zi mai buna.

Pe buze-mi stau cuvinte

Pe buze-mi stau cuvinte,
Ce-au inghetat,
Cuvinte ce nu pot fi rostite,
Caci te-ai pierdut in neant.

Te caut, vreau sa-ti vad privirea,
Sa-ti spun ce simt, ce vreau,
Dar mi se-ntuneca clipirea,
Ochilor ce te-asteaptau.

Unde te pot gasi,
Sa-ti spun cuvinte multe,
Sa-ti spun sa mai ramai,
Sa te sarut pe frunte?

Mai stii cand dimineata-n zori,
Imi aduceai razand cafeaua?
Ne sarutam prin darele de aburi,
Si-mi desenai in aer inimioara.

Peretele ce tu l-ai scris,
Cu numele-mi amestecat in dragoste,
Il vad si-acum aievea-n vis,
Pe-atunci, erai o mare pacoste.

Stefania Rotariu

Pe-o amintire

Pe-o amintire,
Numele mi-am scris.
Era o amintre,
Era oare si-un vis?

Nu pot sa ma dezmeticesc,
Si stau cu mintea-aiurea,
La tine ma gandesc,
Unde-a fugit iubirea?

Pluteam in dans si-o muzica,
Canta, canta intruna,
Iar tu de zor ca o naluca,
Te sfatuiai cu luna.

Si-i promiteai cuvinte de iubire,
Jurate sub clarul de luna,
Si ca pe veci vei fi cu mine,
Chiar daca viata nu-i prea buna.

Si dintr-odata luna a apus,
Iar juramintele-au murit.
Mai sta o jumatate din luna pe sus,
Ce-asteapta si crede c-ai revenit.

Petale de trandafiri

Petale de trandafiri-am presarat,
Pe unde pasii tai umblau.
La pieptul meu te-am adunat,
Si te-am facut al meu tezaur.

Dar tu, om fara dragoste,
Ai calcat ce-a fost sfant,
Ai transformat in pulbere,
Ai ingropat totu-n pamant.

Sunt trista si stiu oare,
Sa ma opresc, sa-ti strig,
Nu meriti, n-ai valoare,
Nu meriti sa te plang.

Esti o muza in durere,
Si te-ai oprit in viata mea,
Te vars intre litere cu jele,
Si ele se vor topi si nu vor rezista.

Candva-mi jurai iubire,
Cuvinte aruncate fara rost,
In inima ce pentru tine,
Doar mangaiere-a fost.

Stefania Rotariu

Motive ai gasit destule,
Sa ma ranesti, sa imi faci rau,
Si ai pierdut lucruri mai bune,
Ce nu le vede ochiul tau.

Esti plin de tine si razi tare,
O inima-ai ranit si-acum,
Esti cineva, te crezi prea mare,
Dar esti o amintire si un scrum.

Ti-ai ars fara sa stii valoarea,
La ce-ai pierdut in viata ta,
Si amintirea-ti va spala marea,
Ce curge-acum in inima mea.

Te-ai imprastiat in zare,
Pe apa marii ca cenusa,
A omului fara suflare,
La care s-a-mplinit dorinta.

Plang mama, plang

Plang mama, plang,
Si plansul sapa-n mine,
Si sapa-atat de-adanc,
O groapa pentru tine.

Si-as vrea sa vin la funeralii,
Dar inima mi-i sfaramata.
Nu stiu cum ar fi mai bine,
Sa am in minte fiinta ta minunata.

De stau si n-oi veni acasa,
In minte zambetul tau creste,
Iar daca te-oi vedea fara de viata,
Durerea ma rapune, ma loveste.

Nu am stiut ce-nseamna suferinta,
Abia acum eu am aflat.
Nu stiu sunt norocoasa sau doar viata,
Mi-a dat de toate si m-a protejat?

Stefania Rotariu

Plangi, plangi iubire

Plangi, plangi iubire,
Ai crezut, te-ai inselat.
Plangi, plangi dupa cine,
Crezi ca dragoste-ai aflat?

Plangi, plangi iubire,
Plangi doar pentr-un timp,
In viata daca vine,
Iubirea ai s-o simti.

Plangi, plangi iubire,
Fiindca-ai cautat,
Dar nu va trece peste tine,
Iubirea-n care ai sperat.

Plangi, plangi iubire,
Lacrimile te-or face frumoasa,
Iar inima va primi simtire,
Va fi mai blanda, mai duiasa.

Poate n-am daruit

Poate n-am daruit,
Destula iubire.
Poate nu m-am gandit,
Destul la tine.

Dar inima mea,
A fost mereu curata,
Chiar daca mintea,
Te-a uitat vreodata.

Traiesti si vei trai in mine,
Iti dau dulceata zi de zi,
Dulceata zilelor senine,
Cand fericit, eu te astept sa vii.

Visez si zisez numai la tine,
Si doar pe tine te iubesc,
Sperand ca va fi bine,
Eu lupt mereu si indraznesc.

Iar fiecare clipa,
Fiecare zi din viata mea,
Cu tine ma ridica,
Imi da puterea de-a lupta.

Si imi da aripi ca sa zbor,
Sa prind o raza calatoare,
S-o pun la inima cand dorm,
Cand vine noaptea, sa imi dea tarcoale.

Podul spre tine

Am construit un pod spre tine,
Si-n noapte vreau sa ma strecor,
Sa fiu un fluture, sa-mi ridic aripile,
Si-n ele sa te prind, sa te-nfasor.

Sarutul dulce sa ti-l dau fugar,
Si-n brate sa ma tii, sa ma rasfeti,
Iar de va fi sa ma-ntorc iar,
Tu doar pe pod sa ma astepti.

Si-n noapte eu voi cobara usor,
Spre tine-n graba voi zbura,
Noapte de noapte pana mor,
Tot voi veni in calea ta.

Pot fi departe?

Pot fi departe de tine,
Fara sa-ti vad angelicul chip?
Sa rup o parte din mine,
Sa ma gandesc ca nu exist?

Pot fi departe,
De ochii ce-i doresc,
De privirea ce zarea strabate,
Cand ii ador, cand ii privesc?

Sa fiu departe, departe,
De zambetul ce-l sorb cu nesat,
Cand buzele-mi ating doar soapte,
De dragoste si rasfat?

Cum pot, cum pot sa fiu departe,
De-a ta fiinta ce-o doresc,
Sa las sa curga soapte,
Fara sa-ti spun, ca te iubesc?

Povestea unei flori

Sedea o floare uitata pe-un pervaz,
Si arsa de-un soare,
Intarziat si mai retras,
Ce nu-i pasa c-o doare.

Privirea spre cer si-a indreptat,
Si asteptand o ploaie,
La ceruri tare s-a rugat,
Sa-i dea multa rabdare.

Apoi o ploaie a venit,
Peste trista floare,
Imediat si-a revenit,
Privirea si-a-ndreptat spre soare.

Dar soarele maret si increzut,
Si-a tras razele la o parte,
Si-apoi el s-a ascuns, a disparut,
Crezand, ca floarea nu are dreptate.

Prieten drag

Prieten drag tu ma ridici,
Mai mult decat imi e gandirea,
Cuvinte dragi tu imi dedici,
Gandind ca-n mine zace nemurirea.

Sunt simpla, Doamne cat de simpla,
Caci nimeni nu gandeste,
Si viata mea intreaga se dedica,
Poeziei, ce-n mine zace si traieste.

Nu vreau mariri sau alte scrisuri,
Vreau doar sa dau ce am primit,
Si-n urma las scrise doar randuri,
Ce-n inima-mi s-au odihnit.

Prietenia

Prietenia este cuvantul care,
Te ridica, te ajuta,
Iti da o sarutare,
De liniste pe tampla.

Prietenia este-o lacrima,
Ce se scurge,
Pe buza insetata,
De focul care-o frige.

E-un nume rar si sfant,
Il strigi daca te doare,
Il strigi cand slab si infrant,
Cauti o alinare.

E-un dar primit,
La vreme de rascruce,
Iar daca s-a ivit,
Iti sta alaturi, plange.

Stefania Rotariu

Primeste iubirea mea

Primeste iubirea mea,
Si fa-ma fericita.
Primeste iubirea mea,
Caci este desavarsita.

Vino-n bratele mele,
Iubirea sa-ti cant,
Tu esti seva din ele,
Si-mi dai putere cand te strang.

Nu am nimic a pierde,
Decat iubirea ta,
Si viata ce se vede,
Doar trista fara ea.

Dragostea ta ma face,
Sa zbor, sa cant, sa traiesc,
Fara tine inima-mi zace,
Fara tine ma ofilesc.

Fa-ma fericita,
Nu am a merge nicaieri,
Vreau doar in brate, sa te tin o clipa,
Sa simt parfumul clipelor de ieri.

Primiti colindul?

Va colind prieteni dragi,
In aceasta seara,
Nu vreau bani si nici colaci,
Vreau sa fim cu totii iara.
Noaptea sfant-a lui Isus,
Spune o poveste,
Despre pruncul cel nascut,
Intr-o mica iesle.
Isus fiul Domnului,
Vine pentru mine,
Pentru tine, pentru toti,
Sa vesteasca-o lume.
Il astept aici si eu,
Poate o s-apara,
Daca nu e drumul greu,
Si-i zapada pe afara.
De nu ne-om vedea vreodata,
Va doresc doar bucurii,
Si tristete niciodata,
Sa ramaneti doar copii,
In lumea voastra minunata.

Stefania Rotariu

Prinde viata

Cine poate prinde viata,
Ce alearga zapacita?
Acu e zi, e dimineata,
Si se intoarce tot grabita.

Am incercat s-o pacalesc,
Sa fug de ea, sa nu ma vada,
Crezi ca am leac s-o ocolesc,
Tu crezi, ca viata este oarba?

Tu tot ce faci, ea le aduna,
Si intr-o zi-ti va da averea,
Le pune toate-n a ta mana,
Si-ti da o palma, ca vezi aievea.

Privesc doar chipul

Privesc doar chipul obosit,
Ce se-odihneste-atat de bine,
As vrea sa fur doar un sarut,
Sa il pastrez, sa-l iau cu mine.

Dar linistea ce se coboara,
Peste-o camera-adormita,
Pandeste ploaia de afara,
Ce bate-n geam rece, grabita.

Nu pot sa tulbur somnul care,
Te-nvaluie profund si-adanc,
Si te lipsesc de-o sarutare,
Chip obosit, frumos si bland.

Privirea ta

Privirea ta ca marea,
Cuprinde inima fierbinte,
Si-aduce mangaierea,
Cuvintelor ce-mi stau in minte.

Ai spus multimea de povesti,
Din vremuri grele, chinuite,
Si nu erau imparatesti,
Erau traite, vremuri dinainte.

Si-n ele te gaseai mereu,
Luptand fara-ncetare,
Crezand, sperand in Dumnezeu,
Ca-ti da izbanda si iertare.

Pur si simplu tu

Pur si simplu tu,
Tu mi-ai furat,
Mi-ai furat sufletul,
Si nu stiu unde l-ai ferecat.

Numai si numai tu,
Mi-ai umplut inima,
Si nu stiu cum,
Te-ai facut stapan pe ea.

Tu si doar tu,
Esti in gandurile mele.
Tu si doar tu,
Faci parte din ele.

Inima mea bate,
Cand glasul ti se-aude,
Si sufletul cai razbate,
Cautandu-te pe tine.

Esti bucurie, esti lumina,
Si ochii mi te cauta,
In zori si-n ziua plina,
Cu tine se alinta.

Rasare-o dragoste tarzie

Rasare-o dragoste tarzie,
Si spui c-ai obosit.
Iar dragostea, n-o asteptai sa vie,
Caci parul ti s-a mai albit.

O dragoste, o dragoste tarzie,
Ti-a atins inima firava.
De ce ti se intampla tie?
Te simti, de parca esti bolnava.

Si simti in inima fiorul,
Care vine, se-nfierbanta,
Mocneste si-ti aprinde dorul,
De-o dragoste flamanda.

Ridica-ti aripile spre cer

Ridica-ti aripile spre cer,
Si cere indurare,
Caci vei pleca si tu la el,
E ultima plecare.

Zbori cu aripile-ntinse,
Priveste din cer colinele,
Cat sunt de mari si de intinse,
Si nimeni nu le-atinge piscurile.

Priveste ape plutitoare,
Si tot ce ti-a-ncantat privirea,
Priveste cat mai ai rabdare,
Si lasa-n urma omenirea.

Stefania Rotariu

Rugaciune

Daca da si daca nu,
Se zbat cuvintele-ntr-o doara,
De ce doar eu, de ce acum,
De ce vin toate, ma doboara?

Vin incercari de-mi dau tarcoale,
Si imi apleaca-n jos privirea,
Ma fac mai mic, far' de valoare,
Si nu mai pot gasi iesirea.

De ma ridic, n-apoi m-arunca,
In bratele dezamagirii,
Ma pierd prin zari ca o naluca,
Nu stiu ce este, ce va fi cu mine.

Tristetea vine-mi sta alaturi,
E buna, mare companie,
M-afunda-n multe, multe ganduri,
Ce nu-mi dau pace, ma imbie.

Ridic doar bratele spre cer,
Si strig sarind o data:
Atata Doamne doar iti mai cer,
Fa-ma te rog, ca alta data!

Sa fiu ca pasarea in zbor

Sa fiu ca pasarea in zbor,
Deasupra ta sa ma opresc,
Si ploaia s-o pornesc din nori,
Cu aripile sa te ocrotesc.

Sarutul cerului sa il cobor,
Pe buzele scaldate in iubire,
Si niciodata sa nu mor,
Fara o clipa de-ntalnire.

Te iubesc cu inima si corpul,
Cu buzele, cu fiinta mea toata,
Te iubesc cum n-am iubit pe altul,
Dragostea mea, dragostea mea curata.

Tu esti fantana care curge-n mine,
Imprastie mireasma tineretii,
Nu stiu de-as putea trai pe lume,
O clipa, fara zambetul curat al diminetii.

Te strig, cand tristetea ma apasa,
Te strig, cand plang si sunt doar eu,
Si stiu ca intr-o zi, o zi frumoasa,
Vei fi cu mine, vei fi doar al meu.

Sa inoti

Sa inoti alaturi de rechini,
Si fara sa te-apropii,
De prada care te atrage-n chin,
Sa fii persoana cu gandurile proprii.

Sa inoti alaturi de rechini,
Si inima sa o pastrezi tot vie,
E-un dar, un sentiment sublim,
Care nu este pentru orisicine.

Sa poti pastra ce-i sfant in tine,
Finta ta sa nu o daruiesti,
Caci vine-un timp si vin si zile,
Cand pentru tot o sa platesti.

Sa spun dac-am uitat

Sa spun dac-am uitat,
Sarutul iubirii ?
Ar fi adevarat,
C-am vrut sa dau uitarii,

Roua sarutului in dimineata,
Cand ochii inca dorm,
Si mangaierile pe fata,
Inca mai simt, atingerea lor.

Sa spun daca ochii-mi plang,
Dup-o privire blanda, trista,
Si stau mereu privind,
O usa care este-nchisa?

Sau buzele-nsetate,
De-o dulce sarutare,
Cu gustul care-l simte,
Si urma care doare?

Nu pot trai doar cu ce-a fost,
Privesc la timpul ce-o veni,
Si viata, viata prinde-un rost,
Se schimba si-nfloreste zi de zi.

Sarutul tau

Sarutul tau il simt,
Si-acum pe buzele-nsetate,
Si nu-ndraznesc sa le ating,
Pastrez dulceata buzelor uitate.

Caldura lui ma arde tare,
Si uneori vreau ca sa sting,
Aceasta urma care doare,
Si ma intoarce in rastimp.

Dar mana-n aer se opreste,
Si n-am putere nici vointa,
Sa sterg ce-n minte se-odihneste,
Si ma coboara in cainta.

Saruturi

Ti-ating buzele crapate,
De saruturi patate cu iubiri,
Ce-n graba lor insetate,
Culeg fiorii din simtiri.

Sunt fine si pufoase,
Cand le ating, vreau tot mai mult,
Sa musc din buzele carnoase,
Si nu ma satur de al lor sarut.

Saruturi, saruturi ti-am dat,
Si iti voi da, de vei mai vrea.
Saruturi cu tine impart,
Caci tu, tu esti dragostea mea.

Sa scrii scrisoare

Sa scrii scrisoarea catre mama,
Ca sta si-asteapata-n prag,
O veste buna, macar una,
Sa ii culeaga zambetul cel drag.

Si ochii albastri umeziti,
Sa mangaie scrisoarea,
''Copiii mamei cei cuminti,
Nu au uitat de mama!''

Un gest, un gand, un suflet bun,
Sa-mparta cateodata,
O bucurie de la drum,
Pentr-o batrana care-asteapta.

Sa stingi o lumina

Sa stingi o lumina,
Ce langa tine traieste,
Si din caldura-i lina,
Iti da si te-ncalzeste?

Sa-i tai usor elanul,
Cand stralucirea-i vie,
Iti lumineaza drumul,
Si-n dragoste te-mbie?

De ce s-o lasi in intuneric,
Sa-si piarda menirea,
Si frigul sa-i fie benefic,
Sa-i schimbe stralucirea?

Sa-ti stea de paza-un inger

Sa-ti stea de paza-un inger,
Cand noaptea se aseaza,
In noptile cu ger,
Gasindu-te iar treaza.

Iar somnul sa-l coboare,
Peste ale tale pleoape,
Sa-ti ia orice ingrijorare,
Din somnul adancit in noapte.

Scrisoare de dragoste

Scrisoare de dragoste,
Iti scriu iubite.
Oriunde, oriunde te-ai afla,
Eu stiu, stiu ca ma ai in minte.

Si gandurile mele,
Iti trimit iubite,
Si-odata, odata cu ele,
Ale inimii batai oprite.

S-au potolit,
Cand gandul spre tine coboara.
S-au linistit,
Sperand c-o sa te vada iara.

Si nu mai cauta,
Sunt vesnic obosite,
Sunt doar batai ce-asteapta,
Sa fie iar pornite.

Te-astept iubite,
De cu zori si pana-n seara.
Te-astept doar pe tine, tine minte,
Caci tu, esti dragostea de-odinioara.

Stefania Rotariu

Scriu

Cu penelul stau in mana,
Vrand sa scriu doua, trei randuri,
Si privesc frumoasa luna,
Ce coboara peste damburi.

Mintea-mi cade linistita,
Peste ganduri, peste timpuri,
Si adun scriind pe-o prispa,
Intr-o foaie randuri, randuri.

Greierii s-au pus sa-mi cante,
In fanfara lor bizara,
Si asteapta sa-i asculte,
Publicul in miez de seara.

Cate-o broasca-ntarziata,
Mai oracaie in timp,
Linistea se lasa-ndata,
Peste case, peste crang.

Vad straduta casei mele,
Unde-ardea focul in vatra,
Bunicuta mea strigand:
- ''Du-te si te culca fata!''

Chicotind si jucausa,
Ma puneam in patul care,
Sta lungit pe langa usa,
Sa ma poarte in visare.

Se desprinde-o frunza

Se desprinde-o frunza,
Din copacul vietii,
Si-n caderea ei confuza,
Se-nvarte, fara stiutele directii.

E-o frunza ce-i defineste frumusetea,
Copacului cu locul gol,
Si plange si-a pierdut tandretea,
Nu mai e falnic, luptator.

O frunza doar,
Si i-au ramas destule.
De ce e plansu-asa amar,
Dup-o frunza fara nume?

Dar frunza are amintiri,
Ale copacului de-o viata,
Si de-a pierdut-o, raman doar ganduri,
Ca nodurile ce stau legate, fara viata.

Se zbat in tine

Se zbat in tine doua lumi,
Una-i blanda si curata,
Iar alta traieste timpuri,
In lumea grea si nemiscata.

Incerci sa fii o mangaiere,
Si suflete culegi,
Si-i dai samanta ca sa spere,
Lumii, dupa care plangi.

Apoi faci muntii sa se miste,
Cand vrei sa dai un ajutor,
Sa-i scoti din vremuri de rastriste,
Sa fii acolo-n locul lor.

Simfonia toamnei

Simfonia toamnei a-nceput,
Sa cante-o melodie fermecata,
Se-aude peste-ntregul pamant,
Cantecul printesei-ntarziata.

Ea vine blanda si zambitoare,
Cu pasii ei atinge usor,
Petalele ce cad din floare,
Si-astern peste pamant covor.

Miroase-a fructe coapte-n soare,
Ce stau si-asteapta sa fie culese,
De mainile grabite, muncitoare,
Maini obosite, maini arse si sterse.

Spre tine gandul

Spre tine gandul mi se-ndreapta,
Te vad aievea stang cu mine,
Si urcam treapta, dupa treapta,
In lumea care fuge, nu ramane.

De oboseala nu vorbim,
Cuvinte de iubire sunt sapate,
Pe anii-n care noi traim,
O viata singura, nu sapte.

Stim bucurii sa adunam,
Tristetile le aruncam departe,
Si de la viata asteptam,
Ce se cuvine, ce se poate.

Stefania Rotariu

Sterge lacrima

Sterge-o lacrima ce curge,
Peste inima-n durere.
Acum vine si se duce,
Doar se stinge in tacere.

Sterge-o lacrima ce arde,
Peste-obrazu-nfrigurat,
Da-i o blanda sarutare,
Si tristetea a uitat.

Pune mana ta, Tu Doamne,
Si adu o mangaiere,
Peste fruntea cu broboane,
Da-i putere sa mai spere.

Bucuria de la Tine,
E ca ploaia-n primavara,
Iar tristetea nu mai vine,
Daca tu imi stai in preajma.

Sterge-o lacrima

Sterge-o lacrima,
Ce fugara se prelinge,
Si-aduna raceala de-afara,
In inima, unde-i tristete si ninge.

Sterge tristetea,
Cu mana ta de departe,
Si da-mi un pic din blandetea,
Atingerilor ce le dadeai in noapte.

Da-mi o sarutare,
Pe buzele udate-n lacrimi,
Si spune-mi ca nu doare,
Ale inimii batai si zbateri.

Sterge-ti ochii

Sterge-ti ochii,
De lacrima uitarii,
Si nu lasa ca stropii,
Sa te cuprinda, stropii durerii.

Inlatura valul tristetii,
Ce usor coboara,
Si urca zidul libertatii,
A vietii care nu te mai doboara.

Si mergi, mergi inainte,
Caci viata are pentru tine,
Clipe cu iz fierbinte,
Clipe, ce pot sa te aline.

Si daca dupa soare

Si daca dupa soare te-ai ascunde,
Acolo dupa tine as fugi.
Si te-as gasi oriunde,
Lumina ta ar straluci.

Va fi o cale in lumina,
Ce imi va arata cararea,
Sa nu ma ratacesc pe luna plina,
Printre lumini, ce nu-mi stiu alinarea.

Doar tu stii inima cand doare,
Cand bucuria a patruns,
Tu stii sa imi aduci o alintare,
Cand trista stau pe-ascuns.

Stii ca ti-am dat

Stii ca ti-am dat,
Ti-am dat in dar o stea,
Si n-am uitat,
Sa-ti spun, sa ai grija de ea?

Ti-am pus-o-n mana,
C-un dulce sarut,
Am vrut ca sa-ti ramana,
Sa te iubeasca mult.

Iar cand ochii tai vor cauta,
Privind in departare,
Calea-ti va aprinde-o stea,
Din mana ta ocrotitoare.

Strada copilariei

Am locuit candva,
Pe strada copilariei,
O strada undeva,
Plina de farmec si multa bucurie.

Alei cu flori, iarba si pomi,
Ma insoteau in drum spre scoala,
Mirosul suav al florilor,
Era imprastiat in atmosfera.

Si-n linistea deplina-a diminetii,
Canta cate-un cocos pe undeva,
Vestind trezirea si spalarea fetei,
Cu apa rece de la o cismea.

Copii pe strada alergau aiurea,
Si se-mpingeau, se harjoneau razand,
Pe chipuri sta sapata fericirea,
Copilariei fara nici-un gand.

Iar oamenii mergeau voiosi pe strada,
Zambind de se afla vre-un cunoscut,
Si-l saluta fara zabava,
Urandu-i o zi buna de-nceput.

Stefania Rotariu

Si-atunci erau probleme, neajunsuri,
Dar lumea era fericita, bucuroasa,
Se multumea cu unele lucruri,
Iar viata era blanda-ndestulata.

Am mai trecut pe strada din copilaria mea,
Si fericirea-a disparut,
Nu erau flori, nici iarba nu era,
Iar oamenii, s-au schimbat atat de mult.

Suferinta

Suferinta, nume ce pui jar,
Pleci un pic si te-ntorci iar,
Mai mare si mai adanca,
Ma-neci fara sa vad un mal, o stanca.

Primesti un chip de zana buna,
M-ademenesti sub clar de luna,
Apoi iei chipul dragostei depline,
M-ademenesti si-mi spui ca-i bine.

Te caut, te urmez in cai desarte,
Si te conduc pana departe,
Fara sa stiu a ma intoarce,
In viata care-mi da zambet, pace.

O muzica porneste si e lina,
Ma poarta-ncet si ma inclina,
Fara sa stiu, sa simt,
Cat m-ai cuprins si m-ai zdrobit.

Stransoarea ta e calda si nu doare,
Distruge-ncet si trupul moare,
O clipa dupa alta apoi trece,
Si nu ramane, decat privirea dura, rece.

Sunt atat de singura

Sunt atat de singura si trista,
Incat viata mi s-a oprit in loc.
Uneori, sta intr-o zi agatata,
Si nu vrea sa se miste deloc.

Gandurile se-aduna gramada,
Acolo se-aduna, se-aduna, ma ating,
Ma ranesc si ma-ntristeaza,
Imi iau toata vlaga, ma sting.

Sunt atat de trista,
Incat daca merg pe-o alee,
Pasii singuri se numara,
Si corpul imi curge alene.

Nu vad oameni, nici locuri nu vad,
Nu aud strigate sau cantece,
Corpul meu se-agata incet,
Intr-o ciudata si straina lume.

Am cazut si cad fara-ncetare,
Intr-o groapa ce se lasa-adanca,
Si caut, ma uit in jur poate apare,
O mana care ma ridica.

Iar lacrimi curg in mine,
Se-aduna suvoi dupa suvoi,
Te-astept si ma gandesc la tine,
Ce s-a intamplat cu noi?

Stefania Rotariu

Sunt ca un fluture

Sunt ca un fluture, ce zboara incontinuu.
Nu am timp sa respir, sa gandesc, sa traiesc, sa visez.
Timpul zboara si zboara fara sa-mi dea ragazul,
Un pic, doar un pic sa meditez.
Bucuriile alearga pe langa mine,
Fara sa le vad, fara sa le-ating,
Iar viata un labirint devine,
Prin care alerg iesirea s-o cuprind,
Iesirea, ce sta ascunsa-adanc in mine.
Dragostea s-a ratacit pe undeva si ma-nconjor,
Ma-nconjor doar de trupuri si ganduri inselatoare.
Cat mai alerg, cat mai am spor?
Cat sa mai caut in viata calatoare?
Unde si unde, sa mai poposesc,
Cand raze sunt, dar nu e soare?

Sunt doar o inima straina

Sunt doar o inima straina.
Pamantul abia l-am atins,
Caci am zburat in lumea plina,
Ce n-are margini si cuprins.

Sunt doar un praf care se sterge,
La umbra unui vant,
Ce adierea lui-l culege,
Si-l sufla pe-un uitat pamant.

Sunt un cuvant ce se asterne,
Pe-o pagina de coala alba,
Iar lumea cu drag il culege,
Si-l pune-ntr-un miros de nalba.

Sunt o imagine ce rade,
Si bucurie-mprastie in zbor,
Celui ce-i trist sau care plange,
Celui ce n-are ajutor.

Sunt un gand ce rataceste,
Si se-ntoarce uneori,
La cel care-l mai pofteste,
Noaptea si pana in zori.

Si ploaia curge

Si ploaia curge, curge, curge,
Iar stropii bat usor in geam,
Si gandul striga si ma duce,
La ce-am facut, la ce faceam.

Stau langa soba incalzita,
Si aburi ma invaluie usor.
Mintea mi se zbate obosita,
Iar corpu-mi sta lungit pe un covor.

Cu un pahar de vin in mana,
Incerc amarul sa-l inchin,
Vietii trecute in rutina,
Ce-am adunat lacrimi si chin.

Acum nu-mi pasa,
Ce-o sa vina,
De-i viata frumoasa,
Sau se transforma in ruina.

Stau trista lang-un foc

Stau trista lang-un foc,
Privind o flacare ce se ridica,
Gandind ca singuratatea e-un noroc,
Ce-n mine se-nfiripa.

Petrec ore-n sir privind,
Gandindu-ma la tine,
Oare esti trist, te vad zambind,
Cand ochii tai privesc imaginea din mine?

Departe sunt si-aducerile-aminte,
Sunt doar un vesnic gand,
Ce picura redesteptand in minte,
Doar sentimente care inca sunt.

Ating cu mana tremuranda,
Un chip ce se ridica bland,
Si-ncet incepe, se-nfiripa,
In flacara ce-mi arde-n gand.

Iar bratele-mi intinse spre tine se-ndreapta,
Cuprinzand un trup inexistent,
Apoi dezamagite te asteapta,
Sa vii, sa vii inca te-astept.

Cu ochii-n lacrimi si ganduri te petrec,
Stingandu-te in flacara ce creste,
Nu stiu de te-oi vedea sau plec,
Tinandu-te in minte doar ca o poveste.

Sunt aproape

Sunt aici, aproape,
Langa gandurile tale.
Doar clipe ne desparte,
Dar putem scapa de ele.

Sunt doar la o palma,
De fruntea ta,
Si daca intinzi o mana,
Atingi si fata mea.

Sunt la un pas,
De un sarut,
Aici, aici am ramas,
Sa te astept, sa nu te uit.

Sunt la mica departare,
De gandul ce m-atinge,
Si-mi da multa rabdare,
Stiu, stiu ca vei ajunge.

Sunt la un pas,
De inima ta,
Nu-mi iau bun ramas,
Caci te voi astepta.

Tacere, tacere

Si totul este-acum tacere,
Tacerea coborata-n viata mea,
Vad doar un loc fara de mangaiere,
Si-mi sta in minte privirea ta.

Cuvinte scurte fara noima,
Si aruncate la necaz,
Schimbat-au viata intr-o doina,
De amintire, bun ramas.

Eram candva aici, acum,
Doua inimi contopite-ntr-una,
Juram credinta, eram mai buni,
Si viata ne zambea intr-una.

Pluteam pe valul de smarald,
Al marii minunate,
Dar valul ei s-a transformat,
In vorbe spuse si desarte.

Tacere,tacere lunga si cetoasa,
Cuprinde mintea-mi obosita,
Eram printesa cea frumoasa,
Acum, doar o femeie greu ranita.

Te-ai deschis ca o floare

Te-ai deschis ca o floare,
In zorii diminetii,
Mi-ai dat parfumul in racoare,
Si m-ai spalat cu apa vietii.

Bucuria ai sadit in mine,
Si-n brate tu m-ai ridicat,
Mi-ai dat sarutul, sa nu uit de tine,
Si-ai disparut, iar ai plecat.

Te joci, mereu te joci,
Si razi de suparare,
Tristetea mi-o alungi,
Si intotdeauna-mi dai o sarutare.

Te caut

Te caut aici, te caut oriunde,
Iubire curata, unde-ai poposit?
Te plimbi ratacita, te plimbi doar prin lume,
Iubire calatoare, tu n-ai obosit?

Te caut mereu si stii c-o voi face,
Te caut iubire, nu voi inceta.
Te caut fiindca un gand nu-mi da pace,
Gandul ca te-oi pierde si voi regreta.

Vino iubire, vino aproape,
Pentru tine traiesc, pentru tine eu cant.
Vino iubire, cu dulcile soapte,
Pe tine te-astept, dupa tine eu plang.

Iubirea, iubirea cuvant fara margini,
Iubirea, iubirea nicicand n-a apus.
Iubirea, iubirea scrie versuri si pagini,
Iubirea, iubirea te ridica mai sus.

Te iubesc, te-am iubit

Te iubesc, te-am iubit si te voi iubi,
Chiar daca viata ne desparte,
Chiar daca noaptea este-n loc de zi,
Chiar daca esti atat de departe.

Te iubesc,
Cum soarele iubeste asfintitul.
Te iubesc,
Cum luna adora nemarginitul.

Te iubesc, chiar daca rana doare,
Si sta deschisa uneori,
Dar leacul vine cand e soare,
Si se-nchide-n mii de sarutari.

Te iubesc,
Te voi iubi mereu.
Te iubesc,
Iubitul sufletului meu.

Te iubesc simplu

Te iubesc simplu,
Curat si fara incetare.
Te iubesc, cum iubesc rasaritul,
Si luna care merge la culcare.

Iubesc ochii limpezi ca marea,
In care m-am desfatat,
Si mi-au trimis chemarea,
Spre-o dragoste, ce m-a fermecat.

Te iubesc si te voi iubi,
Iar viata fara tine va apune,
Tu esti o dragoste, vei fi,
Dragostea mea, a mea minune.

Te joci

Te joci fericit printre nori,
Si-n mainile tale se-odihnesc petale.
Tesi un covor pe care sa zbori,
Te-nalti tot mai sus pana la soare.

Covorul te poarta-n mirosul de dor,
Te duci pe drumuri umblate,
Vezi norii ce ramn la locul lor,
Si toate, toate-s nemiscate.

Amintiri placute te napadesc,
Si te pierzi in anii copilariei,
Acolo unde visele traiesc,
Si se hranesc cu clipele bucuriei.

Esti vesel si razi fara-ncetare,
E-o bucurie care te-a patruns,
Nu vrei sa pleci, aici e alinare,
E-o lume-n care te-ai ascuns.

Te petrec cu privirea

Te petrec cu privirea,
Ochilor verzi si-ngandurati,
As vrea sa iti ating iar mana,
Si iar sa stam imbratisati.

Sa stau in brate iubitoare,
Caldura lor sa ma supuna,
Si sa ma prinda razele de soare,
Cand dimineata va veni s-apuna.

Apoi sa-ti dau iar un sarut,
Pe buze dulci, amare,
Dupa cafeaua ce-ai baut,
Si ti-a ramas pe buze o licoare.

Te plimbi

Te plimbi pe cerul vietii mele,
Si lasi urma prieteniei,
Mi-arati ca cerul are stele,
Si-o stea imi apartine mie.

Imi canti o inima ce salta,
La bucuria cantecului tau,
Si inimii ii dai o nota,
Sa cante, sa creeze tot mereu.

Vom duce cantul mai departe,
Vom imparti doar bucurii,
Cu versuri, melodii curate,
Sa intre-n sufletele vii.

Te port in inima

Te port in inima si stiu,
Ca niciodata nu-i tarziu,
Sa te gasesc, sa te ajung,
In goana anilor ce fug.

Esti ingerul ce ma vegheaza,
Si imi trimite cate-o oaza,
De liniste si bucurie,
De dragoaste, de armonie.

Cu tine-adorm si ma trezesc,
Si sper mereu sa te gasesc,
S-apari cand se revarsa zorii,
Si razele imprastie norii.

Te tin in palma

Te tin in palma,
Sa te ocrotesc,
Nu vreau s-apuna toamna,
Peste chipul ingeresc,

Peste ochii precum marea,
Ce cuprinde si aprinde,
Visul, dorul, departarea,
Care vin tare flamande.

Si-ntre noi grabnic intinde,
O carare si-apoi alta,
Una musca doar din tine,
Alta imi inchide poarta.

Cum sa fac sa le apropii,
Doua cai ce-s diferite,
Si se zbat in mana sortii,
Ce ne poarta, ne divide?

Te vad

Te vad si-mi ascund,
In mana privirea,
Fiorii-mi patrund,
Si-mi aduc dezamagirea.

Nu stiu de ce,
De ce-am crezut,
Ca n-ai inima rece?
La tine oare ce-am vazut?

Petrec tacuta-n nopti,
Cu luna lucitoare,
Si stelele ce-mpart doar sorti,
Din cerul, cerul mult prea mare.

Te voi iubi, da

Te voi iubi,da,
Te voi iubi,
La fel ca-n prima zi.
Te voi iubi,
Si nu voi intreba,
De-i noapte sau de-i zi,
Iubirea mea te va-nveli.
Te voi iubi,
Voi incerca,
Sa fiu ca-n prima zi,
Sa fiu mireasma ta.
Te voi iubi,
Si voi lua,
Voi lua cu mine dragostea ta.

Transforma-ti mainile

Transforma-ti mainile in aripi,
Si ridica-te pana la cer,
Si zboara printre muntii albi,
Cutreierand lumea, fara sa fii stingher.

Cuprinde viata-n mainile-amandoua,
Si gusta, gusta mult din ea.
Avem o viata si nu doua,
Daca se pierde, este-o pierdere grea.

Da bucurie, nu tristete,
Si viata curat-o de nori.
Fii binecuvantat si da-i binete,
Omului, nu-i da razboi.

Apoi in linistea nocturna,
Imparte mii de bucurii,
Si vei vedea ca pan'la urma,
Tu insuti, bucurie ai sa fii.

Traiesc

Traiesc,
Doar pentru tine,
Intr-un loc,
Ce sta lipsit de nume.
Respir aerul iubirii,
Si ma-nvelesc,
In aroma fericirii.
Traiesc,
Intr-un loc plin de soare,
Aici vremea,
Vremea nume n-are.
Traiesc si ma-nsotesc cu speranta,
Iar ziua de maine,
Este la fel ca alta.
Traiesc,
Intr-un loc,
Unde viata n-apune,
Si zilele stau, nu curg deloc,
Doar pentru ca traiesc,
Traiesc cu gandul la tine.

Traiam undeva

Traiam undeva,
Acoperiti doar de stele.
Era lumea mea, era lumea ta,
Nimic nu se pierdea printre ele.

Sunt stelele care,
Isi imprastie praful,
Se sfarama dimineata,
Iar noaptea, noaptea isi cauta locul.

Acolo-ntre stele,
Mii si mii.
Acolo-ntre stele,
As vrea sa mai vii.

Te-astept zi de zi,
Acolo-ntre stele,
Si sper ca vei fi,
O parte din ele.

Tu esti

Tu esti o parte din mine,
Esti parte din fiinta mea,
Ma oglindesc in tine,
Cand caut linistea.

Tu esti tabloul ce-l privesc,
Pictat de-o mana nevazuta,
In iscusinta darului ceresc,
Ce-a pus pecetea-i sfanta.

Si tainic, tainic te admir,
Privindu-ti nobila faptura,
Ma-nfrupt putin, cate putin,
Din frumusetea ta nocturna.

Tu esti valsul

Tu esti valsul,
In care pasii mei se pierd.
Inchid ochii si dansul,
Imi patrunde adanc in piept.

Dansez cu tine si parca zbor,
Ma ridic incet spre ceruri,
Suntem o pereche de dansatori,
Invaluiti in dragoste si misteruri.

Dansez la infinit,
In bratele tale cuprinsa.
O clipa parca te-ai oprit,
Si vraja noastra-i stinsa.

Dar nu, e doar o frica,
Sa nu se intrerupa dansul,
In noaptea care se-nfiripa,
Iubirea isi cunoaste valsul.

Tu ma ridici

Tu ma ridici,
Din bratele uitarii,
Tu-mi dai aripi ca sa zbor,
Tu-mi dai vointa, imi dai putere.

In jurul tau se-nvarte universul,
Si la tine se-opresc stelele,
Tu esti cantecul si versul,
Doar tu imi numeri clipele.

Te-am ales pe tine,
Nu stiu de ce si nu intreb,
Inima-mi stie bine,
Si bate pentru tine-n piept.

Tu spui

Tu spui ca-s vorbe aruncate,
Vorbele spuse pentr-o inima.
Nu vrei sa stii de-s fermecate,
Si te-adancesti intr-o enigma.

Nu te-a atins fiorul ratacirii,
Sa te coboare in placeri,
Te-a ocolit mireasma fericirii,
Ti-a dat singurate si mister.

Te ocolesc sa nu m-apropii,
De focul ce mocneste-n tine,
Si arde visele si stropii,
De bucuria ce fuge-n nestire.

Ai spus, vei spune-ntotdeauna,
Chiar daca tu ranesti si doare,
Dar dragostea ramane una,
Nu poate fi lipsita de valoare.

Ti-am dat sarutul uitarii

Ti-am dat sarutul uitarii,
Pe buze ti l-am asternut,
Si-am disparut in largul zarii,
Cu noaptea care a-nceput.

Si ti-am lasat doar amintirea,
Unui sarut intarziat,
Ce sta pe buze, sta aievea,
In ciuda timpului ce a zburat.

Si-acum privesc in largul zarii,
O umbra care sta si-asteapta,
Caci nu ma poate da uitarii,
Si spera, spera ca vreodata.

Ti-am daruit

Ti-am daruit o parte din mine,
Ma-ntrebi de ce,
Tu stii prea bine,
Si amintirea nu se sterge.

Ti-am daruit,
Saruturi, tandrete si iubire,
Si toate-au izvorat,
Cand te-am atins pe tine.

Si inima ti-am pus-o-n palma,
Iti mai aduci aminte?
Era o zi, o zi ploioasa de toamna,
Cand m-ai atins, cu sarutarea ta fierbinte.

Stefania Rotariu

Ti-am lasat

Ti-am lasat,
O parte din mine,
Cand ochii in lacrimi s-au indreptat,
Spre-o cale lipsita de tine.

Ti-am lasat,
Un gand rupt din mine,
Cand inima s-a intristat,
Fara simtirea ce-i parte din tine.

Ti-am lasat,
O parte din viata,
Cand trista am plecat,
Intr-o lume rece, de gheata.

Ti-am lasat, tot ce-a fost bun si curat.
Acum, ma-ndrept in tristete,
Spre-o lume, spre-un drum,
Ce-ncearca sa ma lase, fara tandrete.

Ti-am scris pe cer

Ti-am scris pe cer,
Cteva cuvinte.
Uita-te si tu pe el,
Sa nu le stearga norii inainte.

Este cerul iubirii,
Si sta ca la-nceput,
Curat, fara atingerea-amagirii.
E ceru-n care am crezut.

Ti-am pus pe cer,
Sa citesti cuvinte.
Le-am pus acolo, nu-i mister,
S-alergi sa le gasesti prin minte.

Sunt mari si-ntinse,
Le vezi chiar de departe,
In ele stau ne-atinse,
Primele saruturi si prima noastra noapte.

Umbra ta

Umbra ta a ramas,
A ramas incrustata in mine,
Si-adanc a patruns,
Sa-mi aminteasca de tine.

Sarut uneori umbra ta,
Caci ea-i mereu cu mine,
Si nu ma pot desparti de ea,
E umbra, umbra ramasa de la tine.

Voi trai mereu cu umbra ta,
Fiindca ea nu ma tradeaza,
Stie, imi cunoaste inima,
Si langa mine sta tot treaza.

Uneori gandurile

Uneori gandurile,
Se zbat sub intunericul,
Unde s-au pierdut rabdarile,
Ce imbujorau sufletul.

Stau triste si tacute,
Nu se misca si-n tacere,
Privesc un orizont departe,
Caci sunt pierdute-n alte ere.

Incerc sa patrund in ele,
Dar nu am loc, nu pot,
Si nu se bucura-n placere,
In ele arde-un foc.

Uneori te caut

Uneori te caut,
Si ma-ntorc,
Ma-ntorc in trecut,
Acolo am un loc.

Iar tu cu drag m-astepti,
Sa-ti dau doar un sarut,
Acolo nu ma certi,
Si ma iubesti atat de mult.

Uneori iubesc trecutul,
Acolo totul este simplu si curat,
Acolo-mi traieste iubitul,
Ce m-a iubit, m-a adorat.

Acum, abia de spui o vorba,
Silabele ti-au inghetat,
Nu stiu de am vreo vina,
De ce ne-am impacat?

Te caut doar in trecut,
Prezentul este strain de mine.
Am incercat atat de mult,
Sa fiu din nou cu tine.

Dar viata, viata s-a schimbat,
Si-n loc de o iubire,
O gheata mare s-a lasat,
Sa te cuprinda doar pe tine.

Viata

Uneori,
Viata mi se pare-un labirint,
Trec prin ea si nu o simt.
Uneori,
Visele imi par reale-n noapte,
Chiar daca,
O realitate-i prea departe.
Uneori,
Cantul nu ma mai atinge,
Iar dansul pe mine nu se-ncinge,
Si viata se scurge ca un rau.
Nu stiu, nu stiu,
Sunt trista sau viata-n mine plange?

Vino aici

Vino si stai langa mine,
Sa-ti spun povestea vietii mele,
Sa-ti spun ca nu pot fara tine,
Ca viata nu mai vrea sa spere.

Vino sa-ti spun cate lacrimi si durere,
S-au scurs pana la fund,
Ca vinul trecut din damigene,
Lacrimile toate, toate le-am baut.

M-am imbatat cu gandul spre tine,
Si-am plans si iar am plans,
Si mi-am promis ca o sa-mi fie bine,
Dar lacrimi s-au amestecat cu un suras.

Voi fi aici cu tine

In asta noapte iubite,
Voi fi, voi fi aici cu tine.
In noaptea calda si fierbinte,
Al anului ce vine.

Si gandul meu te poarta,
Chiar daca nu esti langa mine,
Dar stiu ca altadata,
Va fi, va fi mai bine.

Trimit un zambet si-un sarut,
Sa te-nsoteasca-n noapte,
Paharul care-o sa-l ridic,
Va fi pentr-o iubire, ce-i departe.

Iar dansul mintii-o sa te poarte,
Prin locuri unde voi umbla,
Doar singura si fara tine-n noapte,
Gandind ca esti cu mine-aievea.

Voi urca pe culme

Voi urca pe culme,
De-ar fi sa mut si muntii,
Caci visul meu imi spune,
C-asta-i vointa sortii.

De vreau mai mica, mai mica sa fiu,
Mi se-arata o carare infinita.
De vreau sa ma pierd fara sa stiu,
Calea-mi este mereu descoperita.

Nu pot sa fug, sa ma ascund,
Vointa soartei ma cuprinde,
Se-adaposteste-n al meu trup,
Si bratu-i ma cauta, ma prinde.

Stefania Rotariu

Vreau sa intind aripile

Vreau sa-mi intind aripile,
Sa-ti cuprinda inima toata,
Sa-ti cunosc simtirile,
Sa stiu ca inima iti e curata.

Vreau sa te-adapostesc in gandurile,
Trimise catre gandul tau,
Sa stiu care-ti sunt drumurile,
Si daca fac parte si eu.

Si vreau sa-ti caut privirile,
Sa stiu de sunt calde sau reci,
Sa-ti daruiesc inima, saruturile,
Sa mai ramai, sa nu mai pleci.

Vreau doar putin

Vreau doar putin s-ating,
Adierea corpului tau,
In brate s-o cuprind,
S-o strang la pieptul meu.

Apoi de te vei stinge,
In mana voi pastra,
Lacrima ce ma frige,
Si-o lasi in palma mea.

Caci esti atat de departe,
Iar uneori esti langa mine,
Si gandu-mi te-aduce-n noapte,
Te-alcatuieste din farame.

Sarutu-ntarziat atinge,
Faptura ta in noapte,
Cand vine-apoi se stinge,
Si se transforma-n soapte.

Iubirea-mi plange pentru tine,
Si inima-mi se-nmoaie,
Cand vesti se-astern pe o hartie,
Si-mi spui ca dragostea ta-i mare.

Cum pot sa te aduc,
Sa nu mai fii departe,
Sa scot, s-arunc un jug,
Ce mainile ne tin legate?

Vreau sa vii

Vreau sa vii,
Sa-ti vad ochii,
Mici si cenusii,
Rotunzi ca stropii.

Vreau sa te-ating,
Sa-ti mangai fata.
Caldura ei s-o simt,
Pe-o perna dimineata.

Si buzele sa iti sarut,
Cand noaptea vine si apune,
In brate sa pot sa te strang,
Sa stiu ca esti aici cu mine.

Zambetul tau

Zambetul tau, e-atat de pur, de curat.
Zambetul tau m-a inrobit, m-a capturat.
Ce n-as da, as face pentru zambetul tau,
Sa-mi incalzeasca viata, sa-l am mereu.

Zambetul tau i-o raza de soare,
Vine pe frunte, pe buzele care,
Asteapta, asteapta o sarutare,
Asteapta sa vina o raza de soare.

Zambetul tau invioareaza inima,
Ma face sa cunosc nemurirea,
Imi aduce fiori, placutii fiori,
Petrece cu mine din noapte pana-n zori.

Zboara cocorii

Zboara cocorii,
Se duc spre tari straine,
Ridicati laolalta cu norii,
Sunt stoluri, stoluri line.

Zboara cocorii,
Si gandu-mi le petrece,
De-acum, sunt stapani doar norii,
Si timpul va fi rece.

Copil fiind, priveam,
Cu admiratie cocorii,
Saream, ma bucuram,
Si nu-mi pasa daca vin norii.

Acum privesc cu tristete,
Cum pleaca cocorii,
Nu-mi place c-o sa-nghete,
Nu-mi place ca vin norii.

Stefania Rotariu

Viata este o bucurie, daca stii sa iei ce-i mai bun din ea.
Frumusetea este un dar de la Dumnezeu, daca stii sa-l pretuiesti.
Dragostea nu se poate descrie in cuvinte, ci doar se poate simti.
Prietenia este cel mai frumos cadou, pe care-l poti face unui om.
Zambetul tau, poate inviora o inima trista si abatuta.
Sacrificiul tau, poate salva o viata fara sperante.

www.ingramcontent.com/pod-product-compliance
Lightning Source LLC
Chambersburg PA
CBHW070054110526
44587CB00013BB/1471